前言

　　写这篇前言时,已经是书稿完成的数月之后。突然要回忆之前几个月的采写内容着实有点伤脑筋。好在那个上海还在,没有太大改变。慢慢地回忆,又打开了心中那个上海的精彩画卷。

　　不知道你是何时何地打开这本书的,如果你愿意读下去,那么意味着开启了一段精彩的旅程。哪怕是字面上的,在这里也要祝愿你经历一次别开生面的旅行。

　　旅行有时候就像是读书,你永远不知道下一页写的是什么。那么这本书的下一页又是什么呢?就我自己的理解,下一页永远是上海的某一个角落、一个侧面、一次特写。它不是上海的全部,恐怕也没有人知道上海的全部是什么。那么索性就让我们一点一点地探索。

　　这本书的点点滴滴都围绕着上海展开。上海的多样性,足以让我们找到千千万万个点滴,它们融合起来就成了大江、大海。而这本书并没有人们耳熟能详的"点滴",例如去城隍庙吃汤包,到东方明珠踩踩透明玻璃,去外滩数数"人头"……它们虽然也是上海,但我们不想让你体验"旅行团"式的上海。抛开那些千人一面的老套，上海有趣的点滴足以填满你的行程表。不要担心找不到方向，书里有十条线路，上百个地方等待你去探索。

你需要留意的是这本书里有没有往常熟悉的"地标"，即便有也可能是以另类的方式去体验。我们带你前往的地方，对于游客来说可能有点陌生，甚至上海本地人也不一定熟悉。然而这并不代表它们不属于这座城市。恰恰相反，在摩天大楼的包围下，这些小地方、小店往往是上海最真实的展现。我们希望作为一个游客，能打开上海这个时光宝盒，寻找到能真正体验上海的美的地方。苏州河边的天台花园，老洋房里的咖啡，石库门里的花草……每一个地点都是一种属于上海文化的细节，都是一种生活方式，有时它魔幻得像夜上海的璀璨灯光，但有时它也只是寂静弄堂里的独坐。一千个人可以有一千个上海，在这里你可以找到你的上海。

无论是从文艺、安静的静安区到喧嚣、忙碌的黄浦区，再到即将转型的老城厢，还是在老市区那些安逸的生活区中徜徉，陶醉于遮天蔽日的梧桐、老别墅花草茂盛的花园、悠闲自在的露台，只要你稍稍发挥一些想象力，就可以有意想不到的发现。

愿你能发现更多，体验更多！

遇见
上海，
这座城

遇见
上海，
这座城

华山路·复兴西路
从戏剧学院到话剧艺术中心，文艺无处不在

上海戏剧学院 / 16
Drawing Room Café & Bar / 19
马里昂巴咖啡馆 / 21
丁香花园 / 23

夏朵星期天 / 28
张乐平故居 / 30
安福路 / 33

东湖路·绍兴路
把文艺留在梧桐树下

新乐路东正教堂 / 40
Odelice！欧膳（新乐路店）/ 42
东湖宾馆 / 44
上海音乐学院 / 47
RZ油画工作室 / 52

上海工艺美术博物馆 / 54
爱庐和东平路 / 56
永康路酒吧街 / 58
上海理工大学 / 60

衡山路·徐家汇
不泡吧的衡山路

基督教国际礼拜堂 / 66
知了茶馆 / 68
安亭别墅·花园酒店 / 70
衡山宾馆 / 73

徐家汇公园 / 75
衡山坊 / 79
徐家汇天主堂 / 81

外白渡桥·莫干山路
苏州河边走一遍

外白渡桥 / 88
浦江饭店 / 90
外滩源 / 92
上海邮政总局大楼 / 94

七浦路服装批发市场 / 96
四行仓库 / 98
上海苏州河畔国际青年旅舍 / 102
莫干山路 M50 / 104

外滩·人民广场
避开人流看真正上海滩

外滩 / 110
南京东路 / 112
沐恩堂 / 114
星巴克咖啡（西藏路店）/ 116

人民公园 / 118
东泰祥生煎馆（重庆北路店）/ 120
十六铺和老码头 / 122
董家渡面料市场 / 124

永福路·交通大学
故居外的精品生活

兴国宾馆 / 130
巴金故居 / 133
交通大学 / 135
鲁马滋精品咖啡 / 138

徐汇老房子艺术中心 / 140
宋庆龄故居 / 142
红坊 / 144

思南路·复兴路
从洋房到石库门，重回老上海居民区

中国社会主义青年团中央机关旧址
纪念馆 / 150
上海哈尔滨食品厂 / 152
查餐厅（思南路店）/ 154
科学会堂 / 156

思南公馆 / 159
瑞金宾馆 / 161
花园公寓和诸圣堂 / 164
ORIGINAL COFFEE / 166

虹口公园·北外滩
旧时光里的新生

鲁迅公园 / 172
山阴路和大陆新村 / 175
万寿斋 / 177
溧阳路 / 179

多伦路 / 181
虹江路电子市场 / 184
音乐谷 / 186

延安东路·文庙路
最后的老城厢

上海文物商店 / 192
大镜路城墙道观楼阁 / 194
老广东菜馆 / 197

万商花鸟市场 / 199
法藏讲寺 / 202

威海路·巨鹿路
浮华世界背后的小天地

静安别墅和张家花园 / 208
弄堂小馄饨食府 / 210
美新点心店 / 212
马勒别墅 / 214

常德公寓 / 217
中福会少年宫嘉道理旧宅 / 220
喫茶去 / 222

华山路·
复兴西路

漫步梧桐树羊肠小道,一栋栋美轮美奂的洋楼接踵而至,突然就有一个小资的文艺店铺映入眼帘。

上海，这座城

从戏剧学院到话剧艺术中心，文艺无处不在

从华山路一路走到复兴西路，一条文艺小资的道路清晰地呈现在眼前。漫步梧桐树羊肠小道，一栋栋美轮美奂的洋楼鳞次栉比，突然就有一个小资的文艺店铺映入眼帘。戏剧学院"象牙塔"里还有对艺术执着的青年，话剧艺术中心更散发着文艺的气息。

当梦想做明星的少男少女踏入华山路的"象牙塔"时，他们还没脱去稚气，更有幸保留一份纯真。在绿色草坪上，在优雅的长廊里，在琴声悠扬的琴房里，你可以和他们一样感受到学院派的指引，那些无处不在的易卜生、莎士比亚正在诉说着戏剧艺术的真谛。

文艺青年长大了，化身为白领，会拿着话剧票陆续来到安福路。已经商业化的小路上顿时有了说不清道不明的悠然自得。来这里不仅是喝一杯咖啡，吃一顿早午餐，更可以从那些听故事、看话剧的鲜活面孔中找到无关柴米油盐的阳春白雪。

掂量一下华山路、复兴路、五原路那些漂亮的洋楼，哪一个不是艺术的结晶？再寻觅一下吧，几十年前从楼里走出的或许就是影响这个国家的文化名人。只要你够细心，文艺之路上一定有打动你的故事。

上海，这座城

上海戏剧学院
来戏剧学院体验养眼之旅

如果你要来一次养眼之旅，不如来戏剧学院寻觅。在这里，美丽的新老建筑被草坪、花园、曲径包围，长发飘飘的女生和阳光帅气的男生游走其中，说不定你会遇见下一个李冰冰了呢！

戏剧学院正门在华山路上，门口就是学院的广场，显得特别开阔。在学院的后面，一

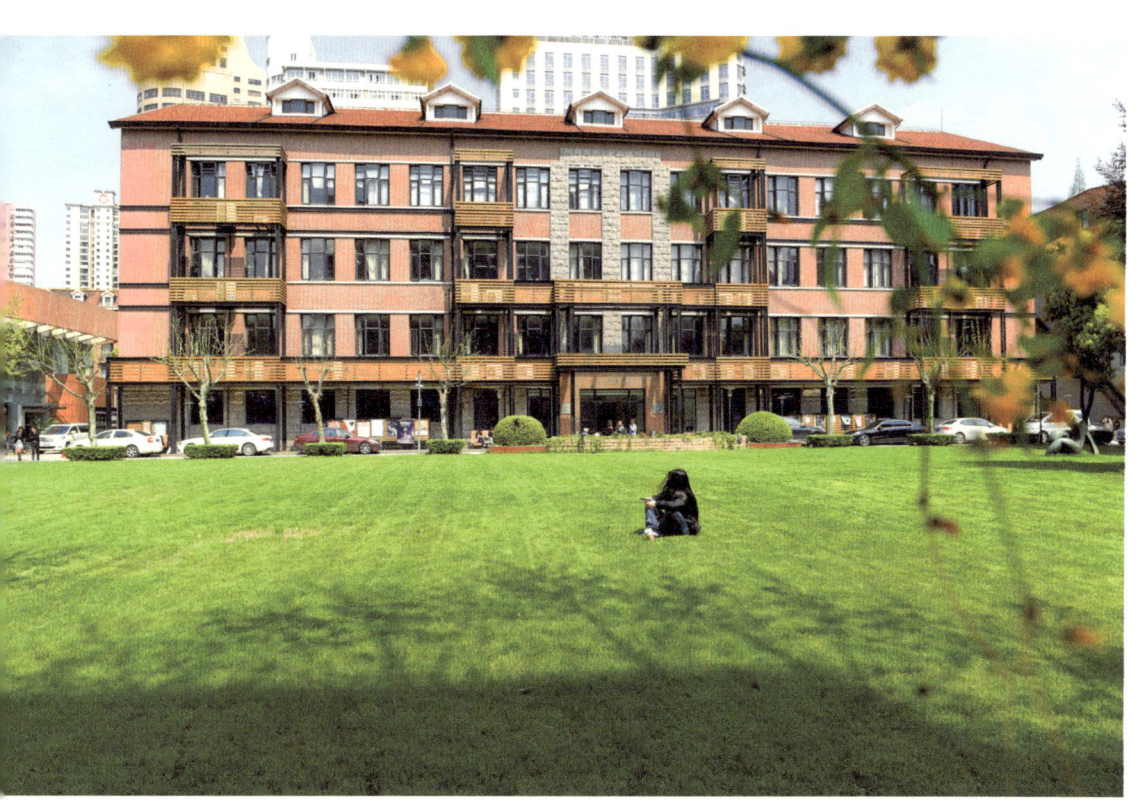

　　座红白相间的老楼最显眼，从门口走几步就能到它面前，它就是戏剧学院最著名的熊佛西楼，而熊佛西就是上海戏剧学院的创始人。他的雕塑矗立在大楼的对面，一直静静地注视着自己创办的学院。令人感动的是，至今雕塑前仍时常有人献上鲜花悼念他。

　　熊佛西楼是砖木结构的，青色和红色的砖砌成外墙，有着平缓、大气的坡顶。最让人留恋的还是有着漂亮围栏的、宽敞的外廊，阳光的照射把优美的剪影投射到长廊地板上。熊佛西楼边上还有副楼，外立面有着同样的构造，但多了各种造型的门窗点缀，犹如一次几何图形的展览。楼下一棵金橘树果实累累，似乎象征着桃李芬芳。

　　熊佛西楼原来是德国人的乡村俱乐部，是20世纪上海上流社会交际的一个重要场所。传说张爱玲曾在这里留下不少爱与恨纠结的故事。她许多作品中都有这座楼的倩影。

　　熊佛西楼的斜对面是新建的剧场，门前有开阔的广场和流水潺潺的人造瀑布。几棵大树用树荫"照顾"着数尊雕塑。雕塑都是戏剧界举足轻重的人物，他们都太伟大了，以至于莎士比亚这样的"大佬"都只能"躲到"角落。

　　绕过熊佛西楼向学院深处走去，一片宽阔的草坪和学院的主楼呈现在眼前。这座教学楼和熊佛西楼保持着相近的格调，不过规模要宏大得多。楼前的草坪十分宽阔，草坪的草绿油油的像是铺上了绿色地毯。抽象的钢结构现代雕塑和具有图腾意味的古朴石雕都安静地守护着草坪。学生们最爱在草坪上度过休闲时光，哪怕只是在草坪上漫步都是一种享受。

再往里走几乎是学院的最深处。这里同样藏着令人激动的老洋楼和花园草坪。这两栋相对小巧的洋楼有着迥异的风格，最明显的特点就是外立面使用鹅卵石铺就，中间位置有宽敞的阳台。春天去可以看到楼下粉色的鲜花肆意地盛开，和灰色基调的洋楼相映成趣。

上海戏剧学院是一座春光无限的地方，这里的草木、花卉随处可见。如果你不满足于自然春光，还可以看一下明媚阳光下的琴房。在琴房外的草坪上有喂养流浪猫的投食点。所以除了懒散的流浪猫出现在这里，学院里富有爱心的女学生们也会留恋此地。看着她们喂猫、逗猫，可谓"春光无限"。

华山路·复兴西路

Drawing Room Café & Bar
洋楼顶上好风光

　　这家餐吧是安福路上的"新人"，占据了红色洋楼的三、四楼。这栋房子前身是人民艺术剧院，现在完全被商家占据。房子的白色楼梯非常有趣，从楼里绕到楼外并超越外墙横亘在人行道上。

　　循着楼梯而上，你会发现朝里的墙面基本上都做成了落地窗，一幅花园洋房的画面正

上海，这座城

好在眼前。原来著名的红楼就在它背后。

上到最顶层实际上已经是洋楼的楼顶了，但经过加工改造，一个顶楼餐吧跃然眼前。靠背面一部分做成了阳光房，可以风雨无阻地用餐。最妙之处是红楼就在眼前，可以尽情"享用"。剩下的部分则都是露天座，许多人还就是冲着这个露天座来的。除了冬季和夏季，这里是奢侈地享受阳光的绝佳地点。前面是绿影中"刚毅"的巨拨来斯公寓，背后是可爱、多变的红砖花园洋房。能在这红色和绿色交织的"客厅"静静地看书，甚至只是静静地倾听这个世界，都是一种享受。

因为餐厅是咖啡吧的缘故，以西点、简餐为主，在话剧开场前，简单地来杯下午茶是最经典的安排。值得一提的是，楼下是老板开的美甲店，如果是爱美的女生应该会喜欢。在楼下做美甲，除了看风景，还能看到老楼精致的内部装饰。

华山路·复兴西路

马里昂巴咖啡馆
听听话剧大咖的故事

如果安福路因为话剧改变命运,那么马里昂巴咖啡馆可以说是因为话剧而变成上海的咖啡胜地。

因为是安福路上最早的咖啡馆,在那些文艺青年和文艺大咖的熏陶下马里昂巴咖啡馆也具有了别样的文艺范儿。在上海,如果你没有听说过这家店,就不能称得上是文艺青年。

实际上咖啡馆并没有特别"高大上"的设计。老旧的沙发已经有些松软,天花板上的英文报纸早就过期了,室内空间略显狭小,仅有的一片户外座也常常人满为患。好在芝士蛋糕依旧浓郁,海盐咖啡还是那么够劲!

然而就是这个有些懒散甚至邋遢的小店曾经有过无数文艺故事上演。网上盛传,作家周嘉宁曾经在店里洗过两个月的盘子,金世杰爱喝5份量的浓缩咖啡,还有孟京辉、林兆华、李安等名人的身影都曾出现在这里。

至今这里接地气的、慵懒的文艺气息依旧是一道风景,如果你喝着咖啡一不小心遇到名人,千万要保持矜持,别把咖啡给洒了。

华山路·复兴西路

丁香花园

养在深闺的秘密花园

"李鸿章有个七姨太,唤作'丁香',李鸿章特别珍爱她,在华山路建一座花园洋房金屋藏娇,这房子就是丁香花园。"这是上海滩一个流传甚广的传说。实际上李鸿章并没有什么七姨太,也不曾修建过丁香花园。但丁香花园真实地存在于华山路的绿荫里。

即便那个颇具戏剧性的传说不可靠,但丁香花园依旧是上海滩的传奇,一方面它是上海最杰出的花园洋房之一，另一方面也是因为它确实和晚清李鸿章家族有着密切关系。目前比较可靠的考证认为丁香花园地块是李鸿章的产业，在其死后算作不值钱的家产和一些股票一起分配给了庶出的幼子李经迈。拿到遗产后李经迈不仅修建了丁香花园，还在生意场上风生水起，成为当时的巨富之一。而他直到1940年逝世为止都一直住在丁香花园内。

除了主人的传奇色彩，建筑本身也可以算是上海滩建筑中的翘楚，是华山路上最让人唏嘘的"绝代风华"。它建于19世纪末，由美国著名建筑师罗杰斯设计。它最大的特点是中西合璧，西式的洋楼和中式庭院融为一体，很是难得。

花园中可以看到亭台楼阁、小桥流水，甚至有卧龙盘踞。再加上树木参天、绿草茵茵，一派"满园春色关不住"的景象。只可惜现在花园的几个入口都立着"闲人免进"的牌子。不过用作餐厅的洋楼倒是可以观瞻。现在编号为1—3的三栋楼中，1号楼和3号楼为英国乡村风格，2号楼为现代花园住宅样式。这三栋楼充分体现了19世纪末20世纪初世界建筑明快、清新的风格。

　　你可以沿着花园边的小径，在樟树的落叶中慢慢移步仔细揣摩这些建筑。棱角分明的梯形和圆润的半圆左右而对；循石阶而上的大平台上柱式门廊依旧威武；深色的木结构勾勒出建筑舒朗的线条；一个个大小坡面、小巧尖顶、稳重的老虎窗给人带来一种建筑的韵律感……最有趣的是建筑还有好多中国元素。例如，南立面上下两层的木柱长廊，底层遮阳板的金钱图案，均带有中国传统特色。

　　现在的丁香花园据说是由兴国宾馆管理，其中只有一栋楼是做餐厅用，其余两栋，有工作人员表示是给老干部用的。其实有一条小径通向乡村风格建筑的背后，那里还有几处老洋房和一个大草坪，不过现在作为有关部门的办公室使用，不方便游客参观。当然偷偷地看上几眼问题还是不大的，也许这才是真正"养在深闺"的秘密花园吧。

上海，这座城

漫——上海，这座城

夏朵星期天
低角度窥视复兴路

在丁香花园的外围有一个出名的夏朵星期天餐厅，它几乎占据了华山路和复兴西路拐角的所有洋楼。餐厅分成三个部分，其中法餐、意大利餐占两部分。他们在"高大上"的花园洋房中带给食客法兰西的雍容和意大利的浪漫风情。

很难讲清夏朵星期天是什么风格的菜系，看上去更像是法国人家庭式聚会，简单喝喝

华山路·复兴西路

东西、吃吃甜品，却是一种其乐融融的享受。最让人惊喜的是屋外还有一个小小的下沉式长廊。说是长廊其实也就是四五步路的长度，而且异常狭窄，只能容一个人走过，若是遇上了"重量级"恐怕还有些麻烦呢。这个小小的空间奥妙之处就在于低于路面，视线正好平视路面。走过的人往往只会看到小腿部分，这不免让人想起了某些欧洲文艺电影的场景。这局部的视角是否会带来不一样的审美呢？恐怕只有你坐下来喝一杯咖啡后才能晓得吧。

张乐平故居

遇见三毛的"爸爸"

  安静的五原路上一栋栋带着小院子的洋楼彰显着它的欧式风格。不过就在这条"欧化"的小路上却走出过一个我们曾经再熟悉不过的经典形象——三毛。

  那个瘦削的肩膀上顶着一个大大的圆脑袋,光光的脑袋上只长出三簇头发的三毛,我们怎么会忘记。而他的创作者张乐平就长期居住在五原路288弄这条幽深的弄堂里。

这个不足百米的弄堂一眼就能望到底，平时鲜有人走动，安静极了。若不是弄堂口的招牌、墙壁上张乐平的生平和三毛系列浮雕，你一定会和它擦肩而过。抗日战争胜利后张乐平就一直居住在此直到去世。有关三毛的经典作品几乎都在这里诞生，包括最早的三毛电影也因为楼下住着上官云珠的堂兄——制片人韦布而变得顺理成章。就连那个不起眼的弄堂口也曾是张乐平吃夜宵小馄饨的地方。

　　这栋房子在弄堂底右侧，一扇黑黑的大门紧锁着。"就是这里，不开放的。"弄堂底高档私宅的门卫不耐烦地向偶有的游客解释着。宅子里的阿姨听闻更是着急地指点门卫："侬就和他讲这里是私人的地方！"

　　当年张乐平要比他们大方得多，好酒的他经常拎着酒回家，动不动邀请朋友一起来喝。他喜欢孩子，喜欢热闹，梦想打造"儿童乐园"。事实上288弄的这栋黄色洋楼一度成为真实的"儿童乐园"。他自己有7个孩子，还收养过几个孩子，其中包括上官云珠的两个遗孤。赶巧楼下的韦布居然也有8个孩子。这样这栋洋楼果真变成孩子到处跑的"儿童乐园"。想来时光若是倒退70年，这条弄堂该是多热闹啊！

尽管张乐平故居已是不方便参观的私宅,但五原路上还有很多类似的洋楼弄堂可以随便逛逛。这里的空气特别清新,环境更是清幽,你都不好意思做出大动作,生怕惊扰了这里的安静。穿过斑驳的梧桐树影,那一栋栋小黄楼就躲藏在梧桐深处。它们几乎有同样的格调:铁门留有花哨的纹理,墙面总是"泛起层层浪花",门柱上装着古典的煤气灯,窗户上油布雨搭画出美妙的弧线。最令人神往的还是每栋楼下都有一个小院子,一棵树就足以遮蔽整个院落,让人满眼泛绿。若是没有本地人走动,恍惚间还真以为来到了欧洲。

洋楼弄堂之余,你还可以瞄一眼永福路路口的红色花园住宅。整栋楼都是红砖砌成,三角形的斜顶舒朗硬气,入口处的巴洛克风格门柱小巧动人,三根顶天的烟囱似乎是专为方便圣诞老人而设。建筑的英伦风味浓重,占据街道拐角,只要稍加留意,远远地你就能认出它。

华山路·复兴西路

安福路
梧桐树下的话剧人生

　　这条原名巨拨莱斯的小路一直保持着与世无争的姿态。各种风格的洋楼，加上遮蔽太阳的梧桐树，本来是可以安静地过完一生的。可是话剧中心的落成，让它一下成为上海的一个文艺据点，它的人生也有了戏剧般的转折。这些年话剧观众越发年轻化、白领化。那些手握话剧票、翩翩而至的文艺青年、白领用一种幽静而别致的气质来梳理这条街道。即便是在话剧看完退场时,人们依旧保持着一种克制,不去轻易打破安福路的安逸。与此同时因文艺聚集的人气总要寻找到合适的释放点,咖啡馆、小资餐厅正是他们的最爱。于是几年来沿街的楼房陆续开出门面,适合聊天的咖啡吧、健康的烘焙店、小巧的咖啡店、小清新的泡芙店、深藏不露的楼顶餐吧,还有文艺、个性的设计小店几乎占据了整条街。"也不知道从什么时候开始,整条街就都开始做餐饮了。"住在附近的程先生说这里已经红火好几年了。尽管商店多了,他还是愿意来这里散步。原来这里的店面像看话剧的文艺青年一样保持着克制的商业激情,把原有建筑的味道保留得不错。在这里依旧能看到墙上的艺术装饰、折中主义、巴洛克风格、西班牙斜顶……

久而久之,喜欢阳光、舒适的老外们开始沉醉在这里,把这里当作诠释他们理想生活方式的聚集地。除了欢度快乐时光的老外,或许那些文艺大腕才是这里最值得期待的过客。咖啡店的老板常会在桌边一遍遍讲述他店里的故事:某某演员喜欢坐屋外的那个座位,某某导演最喜欢焦糖口味……

故事虽然传奇,但去一次话剧中心撞上名人的概率还是非常有限的。不过遇见有趣的建筑却易如反掌。如果你看完话剧,那么向左转走几步,朝马路对面看是轮廓硬朗的巨拨莱斯公寓,似乎至今还在为佐证安福路的昨天存在。

再回过头来是最迷人的红楼——安福路284号。掩映在绿色丛中、躲在假山背后的这栋红砖老洋房建于1917年,折形屋面带着旧式老虎窗,二楼墙面露着明木构架,还有木栏环抱。房子的墙面用深色的卵石镶嵌,门窗半圆形和扁尖形并用,圆润和硬朗兼具,十分讨人喜欢。它曾经是一家高级餐厅,一度在上海非常有名,被誉为"情人公馆"。一场大火让"情人分离",公馆也只能独守空房至今。现今,这里门卫严守大门。好在,大门够宽敞,假山、草坪、绿荫连同洋楼都能眺望到。若还不过瘾,可以到隔壁的屋顶餐吧俯瞰,视野极好。走到武康路路口,著名的马里昂巴咖啡馆对面是摇身变成LOFT的永乐宫影院。

最后一个有趣的去处是西班牙领事馆文化处旗下的塞万提斯图书馆。这里充满浓郁的西班牙文化元素。图书馆里自然都是与西班牙相关的图书和影视资料。这里还不定期举办各种西班牙活动。到了夏季还有露天的西班牙电影播放。除此之外,塞万提斯合唱队、古典吉他作坊等能让你在安福路全面体验西班牙风情。

这些音乐才子们走过一条小径,身边杰出而传奇的建筑擦肩而过。绿色叶子中鼓起的蓝色圆顶昭示着东正教拜占庭文化曾经到过这里。

遇见 上海，这座城

把文艺留在梧桐树下

汾阳路上总是能飘来一股文艺气息。音乐学院的存在化解了淮海路和复兴路躁动、繁忙的气息,为行人献上舒缓、适宜的节奏。那些或提或背着乐器的青年人总是朝气蓬勃,青春写满脸庞。最好是一头长发的女生,伴着春天梧桐的树叶飘然而去,只留下学院里传来的高雅乐曲让你慢慢回味。

宾馆里的杜月笙府邸还"硬朗"得像是刚建成一样;理工大学像是一个时光隧道般带你走进普鲁士王朝;一条东平路足以讲述民国四大家族的故事。

也有学生们不常去的地方。那里既是石库门市民的天下,也是外国人改变上海的例证。一条街变身为西方的社交集散地,国际身影和上海土著相互交融。流动的上海滩永远有你想象不到的包容性。

也许浮躁的酒吧终究不会是这条文艺路线的终点,所以我们再一次踏入文艺的地盘。老资格的出版社盘踞着小路上最棒的洋楼,多少文人墨客从吱呀作响的木楼梯上踏过。这文脉虽经历严酷的时代,但仍能够薪火相传。也许你也是见证者和亲历者,因为你就坐在书店的沙发上,打开一本文艺的小说,专注着主人公跌宕起伏的命运,任由身边的咖啡渐渐变凉。

上海，这座城

新乐路东正教堂
一个童话般的存在

每当人们走过新乐路、襄阳北路路口都会被一座奇妙的建筑吸引。即便走过了，还会忍不住回头多看它几眼。

事实上这座建筑已经在这个街口存在了80多年，它就是新乐路东正教堂，也叫作圣母大教堂。因为宗教、建筑风格上的特殊性，所以即便在有"万国建筑博览"名号的上海，它也算是最独特的一个！

这座教堂是1932年东正教上海教区主教维克托尔（白俄）向东正教徒和白俄侨民集资建造的。它见证了那个年代"白俄"在上海的影响。你也许听说过上海著名的"红房子"西餐厅，实际上就是白俄人开设的。

　　今天你再回过头来看这座拜占庭建筑，依旧像80多年前那样动人心魄。最佳的观赏位置是它所在路口的斜对面。最抢眼的是几个蓝色的"洋葱头"圆顶，顶上还长出闪闪的金色"天线"。顶层的蓝色屋顶和奶白墙壁组成蓝天白云般的效果。而顶层之下中间层的屋顶则变成了弧形屋顶，而且颜色也变成了红色，像是在蓝天白云里泛起了红色的海浪。红、蓝、白这种撞色让建筑多了一股童话气息和异国情调。

　　教堂内部原有的精美壁画在岁月的长河中逐渐被涂料一层层封存，直到2007年，9幅壁画才被修复，得以重见天日。只可惜东正教现在没有宗教活动，这个教堂长期关闭着，游客鲜有机会进入。不过斜对面小洋楼顶层有一家高级定制皮鞋店，可以免费参观，重点是它家阳台正对着教堂，视野独好。

上海，这座城

Odelice！欧膳（新乐路店）
阳光下的法式甜蜜

它来自法国，但并不是奢华的法国大餐，而是甜蜜的法国甜品店。想在上海找到一家味道正宗又价格亲民的饼屋，还真不容易。然而在 Odelice！欧膳满足了你对法式甜品的所有幻想。

来自法国的老板租下了新乐路转角的一间小屋，在这里尽情挥洒他对法式可丽饼浓浓的爱。店面打理得干净清爽，靠墙位置设置了两排舒适的沙发座，客人可以对着电脑或书在这里度过一个下午。墙上贴着欧陆风情的招贴画，凸显出一点来自法国的情调。屋外有一个小露台，每天下午都会被灿烂的阳光眷顾。

　　新鲜蔬菜做成的可丽饼既可当作美味早餐，又可当作午后甜点。荞麦饼、华夫饼、螺旋面和各类沙拉，都可以成为下午茶的内容。那些铺满新鲜果酱、奶油、巧克力酱甜腻腻的法式西饼，就像是施了魔法能让人心情大好。喜欢松脆的口感可以选可丽饼，喜欢松软芳香的口感可以选华夫饼。不管你选哪样，恭喜你，你已经被法兰西的甜蜜俘虏了！

上海，这座城

东湖宾馆

东躲西藏的洋楼里寻找杜月笙和张爱玲

东湖路这条小路绝不像看起来那样不起眼。在长乐路到淮海路的几百米里藏着许多老楼，也藏着许多上海滩的往事。

如果从长乐路进入东湖路，很快你就会看到矗立在十字路口的绿色亭台。亭子的后面还有一幢左右对称的灰色新古典主义建筑，那就是东湖路70号，东湖宾馆众多花园洋房中最重要的一座。楼前除了亭子还有西洋式喷水池,再看老楼,共五开间,中间三开间有凹阳台,两边呈六边形突出,简洁的方窗下有几何装饰图案。

这栋比例优雅的老楼有着非凡的身世。它的主人曾是当时显赫一时的杜月笙。当笔者探访老楼时遇到一位知情的90岁老人,他问道:"侬晓得这楼是谁的吗?"

"听说是杜月笙的。"

"嗯,是的。我老早还在淮海路那里碰到过他呢!"说完老人脸上还露出微微得意的表情。

这位"海上闻人"至今还有老人记着,也可见杜老板的深远影响。再回望这座大楼,你能否想象孟小冬在这里和人缠绵?苹果行里出身的大佬是否在这里运筹帷幄、指点上海?三大"闻人"有没有在这里推心置腹或钩心斗角?

恐怕真实的历史让你有点失望。"杜月笙不在这里住,他房子多着呢!"正像老人说的那样杜月笙未能在这里住,也许他这样计划过,但时局不允许。连续动荡中他或许只看过几眼这座"杜公馆"便飘零香江。

东湖宾馆有趣之处在于房产占据东湖路两头。绕过杜月笙的房产，去往淮海中路1110号（另一入口开在东湖路上），便能看到花园中的另一座著名洋房——7号楼。外观上看它最大的特色是一半立面是红砖砌成，另一半立面则是鲜明的巴洛克风格，还有古典韵味十足的廊道、挺拔的壁柱和优雅的拱窗，仿佛要把你带到另一个时代。它曾经是沪上一家高级餐馆，名字也起得特别霸气，叫作"大公馆"。现今已经转做写字楼租给了一家金融网络公司。如果你贸然闯入，可能会被没好脸色的门卫阻拦，多问几个问题他们都会不耐烦。于是现在只能看看外观、门口的彩色琉璃窗户和有着"大公馆"字样的大门。

　　虽然室内考究的装饰无从探寻，但还好能在花园散散步。或许你正走在张爱玲当年最爱的林荫道上。当年一个文艺青年随母亲来到这里，只是在人群中多看了一眼，她就爱上了这里，她就是张爱玲。她甚至不愿回父亲的老宅居住，为此和后母大吵特吵。最后还为此受惩罚，被"关了半年"。当你走出花园，也许应该再回头看看这里，让印象更深刻些。等你再翻开张爱玲的作品，或许就能找到这栋楼的影子。

东湖路·绍兴路

上海音乐学院
在流动的音符中看凝固的音乐

  走在汾阳路你必须优雅一些,甚至是高雅一些,要不然会成为一个让人讨厌的气氛破坏者。因为音乐学院的存在,这个小社区有了自己独特的高雅气质。无处不在的琴行里常常飘来琴声,长发飘飘的学子背着乐器在梧桐树下散步,春风吹来一阵飞絮,也吹动了长发,好像还有一段乐曲飘进耳中。

这一切的源头就在上海音乐学院。学校并不大,走进校门你几乎就能一眼望到边。除了随时飘进耳朵的各种音乐,那些被音乐环绕的建筑也颇有看点。流动的音符和凝固的建筑,哪一个更有韵味?或许还是把它们当作整体来看吧。

学院里老建筑的重点无疑是紧靠门口的当年的"犹太人俱乐部"和"花园住宅"。红白相间正对校门的是当年的"犹太人俱乐部"。这座建筑并无对称设计,甚至墙面颜色也一会儿红一会儿白。正面看,宽大的落地玻璃一定能让屋子充满阳光。侧面还设了拱起的弧形阳台。背面则有考究的立柱长廊和学院的音乐厅相连。相关资料显示,音乐厅前身也是俱乐部建筑的一部分,是21世纪初时在原址上改建的。从中不难想象俱乐部本来的规模,也可见当时犹太人在上海聚居的盛况。

从俱乐部门前的小径往里走可以看到"花园住宅"就躲在边上。这座带有一些童话般的北欧风格的建筑和周围的绿化有机地融为一体。阳光洒到它陡峭的坡顶,为一个个活泼可爱的老虎窗镀上金光。坡顶下的二层有宽大的长廊,用木结构支撑。再往下到了底层是表面用水泥拉毛的砖墙。其间开了数个半圆拱券门洞和窗洞，上面还有深色的毛石间隔点缀——就像是日出时刚探出身的太阳。

伴着学院里的音乐声你还可以在学校里四处游荡。跑上餐厅那幢大楼可以从高处俯瞰绿丛中的"花园住宅"，感觉就像是一个指挥家，看着自己的乐队。或者傍晚跑去学院摩登的主楼前的广场坐下，静静聆听这座现代建筑的吟唱。这时的太阳会斜斜地打在它"曲折"的身躯上，也悄悄落在长廊里休息的音乐才子的脸上，似乎一首小夜曲即将上演。

你也别忘了往停车场方向望几眼，一栋同样精彩的老洋房矗立在夕阳中。这栋风格独特的老楼现在是一家餐厅，受到商业经营及露天停车场的影响，风格有一定程度的改变。好在风骨犹存，值得你静静守候。如果还有空闲时间，漫步音乐学院地下一层的琴房也是一种艺术享受。走累了还能在琴房中的咖啡吧小坐，等待琴童为你免费演奏一曲。喜欢建筑的还可以穿过马路到学院对面的汾阳路花园酒店去欣赏著名建筑师邬达克的作品。

上海，这座城

上海，这座城

RZ 油画工作室
在工作室里假装自己是凡·高

在复兴中路，高大洋气的老洋房身影中也有小小的趣味空间。RZ 油画工作室就是这样的地方。RZ 油画工作室躲藏在一座略微落魄的老洋房里，面积总共也就十几平方米。不过主人张老师却热情、愉快地生活着。他的画笔从没有停歇过，工作室的墙上、地上都摆满了油画。

张老师的油画是印象派风格，并带有一些中国画的写意风格。"最早是在田子坊，后来房价上去了就撤出来了。"原来他也是田子坊初创时期众多画家中的一分子。因为田子坊的商业开发使得房租高涨,他和其他画家一样无奈之下撤出田子坊。这座老楼一层的小空间,房租并不算高。房子虽然小,但周围环境很安静,很适合创作。周围还有许多像他这样的简单的工作室,由于这里靠近上海音乐学院,所以大部分工作室都和音乐或乐器制作有关,这样一来油画工作室反倒特别显眼。

几年前一个偶然的机会,他教了几个外国人画油画。没想到他们介绍了越来越多的人来学,在文艺青年中扩大了知名度,反过来促成好多的油画生意,于是他就抽出周末时间来教学。他说,倒也不是为了挣钱,一来是给年轻人一点儿文艺熏陶,二来让自己认识更多朋友。

现在每个周末都有两三个学生来学画,基本都是零基础的。一堂课也就两三个小时,保证能有一幅还不错的作品带走,学生们都很有成就感。其中许多人坚持了一年多,作品已经非常棒了。"好的已经是大学二年级水平了!"张老师指着地上一堆"印象派"作品肯定地和学生说,只要来学都能达到这样的水准。看来想安静地做一个凡·高并没有那么难。

上海，这座城

上海工艺美术博物馆

钻进装饰艺术看工艺美术

上海工艺美术博物馆是一个很特别的博物馆，其中一个主要原因就是它的主体建筑原是法租界公董局总董官邸，外形有点像白宫，所以有上海"小白宫"之称。"小白宫"是极致优雅的建筑，圣洁的白色远看就好像整栋楼都是汉白玉做的。仔细打量你会发现到处都是华丽的装饰，雕梁画栋间似乎回到了文艺复兴的年代，每个参观者都会在草坪上对它行注目礼。正中间鼓起的半圆封闭阳台让人想起了远古的欧洲城堡,阳台两边还有回旋而上的石阶梯画着美妙的弧线,阶梯交会处一只雄狮浮雕注视着草坪上的一切。

走进这座"白宫",除了能看见考究的内部装饰,你还会沉浸在精美的工艺美术作品中。展品基本能代表中国工艺美术的最高水平,许多东西都是难得的精品。很多参观的外国人都被展品震惊到了。

地上二层和地下有绘画、扎纸、刺绣等工艺品制作流程的展示。作坊里的工艺家们都在工作着。你可以和他们聊聊艺术,还可以和剪纸、扎彩灯的师傅回忆儿时的甜蜜时光。另外这里做出来的工艺品都可以购买,有几十万的天价艺术品,也有几十块的兔子灯,每个人都能找到适合自己的小玩意儿。

工艺美术馆门票只需 8 元,让你能在欣赏"小白宫"的同时了解工艺美术,同时还可以选购许多心仪的小物件。

爱庐和东平路

这里有一个老房子叫爱庐

东平路仍旧是汾阳路的味道。这里有一个老房子叫作爱庐,它是上海人耳熟能详的著名洋房。

爱庐现在是上海音乐学院附小,上海许多音乐人都是从这里走出来的。历史若是倒回几十年,这里走出来的是中国现代史上两个重要的历史人物——蒋介石、宋美龄。爱庐是他们结婚后在上海的家。有趣的是这个房子并不是蒋介石自己购买的,而是宋美龄的陪嫁。

这座爱庐结构复杂,建筑平面呈曲尺形,使正立面分成纵、横两个部分。横立面在右,竖三段布置,中间突出,一、二层为大拱券,一层为门廊,二层为阳台。建筑的装饰也让人眼花缭乱,宝瓶式栏杆、方形窗户、拱券门洞、孟莎式屋顶、粘卵石外墙都能在它身上找到。在花园里你甚至还能找到刻着"爱庐"字样的假山,据说还是蒋介石亲笔所题。

宋美龄曾经多次说过:"上海是我的第二故乡,我对它有特殊的感情。我之爱恋它,更甚于自己的祖籍海南岛。"蒋介石把庐山牯岭别墅称为"美庐",把杭州西湖的别墅称为"澄庐",把上海这所住宅称为"爱庐",可见这栋房子对他们有着不一般的意义。

东平路在爱庐之外还有十几幢花园洋房。有趣的是它们大都是民国初四大家族的房产,多数还是自住的。不难想象蒋、宋、孔、陈同时出现在东平路也不是什么稀奇事。在当时这条路聚居着民国最重要的权势人物。

走出爱庐可以再去东平路上席家花园看看,一来它是座有名的老洋房,二来它曾是上海最杰出的本帮菜饭店。现在有越来越多的人抱怨它的菜式质量下降不少,不过作为席家菜的发源地,它的老上海情调还是独树一帜的。东平路看完了,别急着离开,周边的岳阳路、桃江路也是上海最有情调的小路,可以去逛逛。

永康路酒吧街

洋人聚集的石库门街头

如果你想看一个奇妙的景象，那么最好在一个有阳光的周末午后来到永康路。让你大开眼界的是一条布满酒吧的上海老马路——永康路。更让你吃惊的是一拨拨外国人如麻雀般挤在这条本就不宽敞的马路两边。"哎，我这是在哪儿？"初来乍到的人总是这样发问。

实际上永康路的酒吧只集中在嘉善路至襄阳南路一段。在这段不足200米的路上，酒吧一家挨一家，几乎没有空隙，只要对着街面必定开酒吧。为了享受阳光，人行道上摆满了桌椅，阳光斜斜洒下来，在地上留下长长的影子，中外面孔一起在这里享受午后的阳光。

　　到了周末，外国人从四面八方聚拢来。骑自行车的、步行的、打车的统统向这里进发，路面顿时挤得水泄不通，站在马路中间只听到叽叽喳喳的说话声，却一句也听不清楚。

　　其实这里是上海最具市井气息的地方之一，你只要看看那些残旧的石库门就明白这里是上海弄堂的地盘。只是过一条街，早点摊生意红火；街头本地爷叔们露天斗地主，三五成群地至少开个三四桌；超市门口收废纸的商贩照例会每天来给废纸浇水，这让一段马路总是湿答答的；学生们放学后会在同一条街上寻找他们的美食；本地小店都经营得很精彩。

　　就这样，西方的酒吧社交和本地的市民生活交融在一起。白天那些谈笑风生的外国人还没醉时，两边相安无事。可是夜深后，烂醉如泥的"歌唱家"、兴奋过头的"格斗家"总是矛盾的制造者。冲突有时在所难免，但日子总在继续，在有钱赚的魔力下两者恐怕还会在矛盾冲突中继续并肩同行。

上海理工大学

复兴中路上的净土

复兴中路是条繁忙的街道，每天上演着上海闹市应有的忙碌。然而1195号大门里却是另一种安静、祥和的氛围。这里就是上海理工大学的中英国际学校。更令人神往的是这里的草坪边、操场边、道路旁矗立着的数座普鲁士风格的建筑，俨然是上海闹市中的一片净土。

一进入校门，就能看到干净的校园小径在绿油油的草坪和一栋栋红白相间的普鲁士风格建筑中曲折迂回。众多普鲁士风格建筑中工科讲堂最为经典。红色的砖墙是它的主体结构,同时部分白色墙面和红砖形成强烈反差。中间的主入口,塔司干式柱撑起门廊和阳台,往上还有白色半圆形、带着波纹的小老虎窗。若是从背后看过去,中间部分则是更为奇妙的德国式圆弧形老虎窗,这种设计更像是将一座塔楼镶嵌在其中。

步入楼内,精美的格子花纹地砖铺满走廊,阳光从长方形和圆形的磨砂玻璃中透出,温柔地投到地砖上。窗户外是一片树木,树叶贴在磨砂玻璃上形成或深或浅的投影,宛如一幅杰出的印象派画卷。再踏上二层,开阔的百叶窗像是一个个画框,框出一幅幅美丽的普鲁士风景画。地砖上则投影着雕花铁栏杆复杂、美丽的身姿,此刻游人仿佛穿越时空置身在一个普鲁士街道。难怪1995年出版的一期德国杂志在《建筑,德国在中国的明显影响》一文中,将这幢大楼作为在中国的普鲁士建筑风格的标志。文章这样描述:在上海"万国建筑博览会"中,这幢大楼可称得上是一座仅有的普鲁士风格的公共建筑,这幢大楼无论从建筑结构、建筑风格和历史的角度观察,都蕴含不少历史文化沉积,是上海近代的优秀建筑,是珍贵的文化遗产。

除了这座经典的大楼,学校的其他建筑大多数是20世纪初建成的普鲁士风格建筑,它们把整个校园装扮成一个"普鲁士中心",当时的一草一木都由德国人操办,甚至惊动过德皇威廉二世。后来中国人也投资了这所学校,开创了中西合作办学的典范。

而今天,就在工科讲堂外的草坪上,中外学生在红叶翠柳下谈笑风生。新时代下,中英国际学院已经开办多时。从中德到中英,历史跨过了一百多年,上海的中西合作办学风气,在同一个空间的不同时间上神奇接轨了。

衡山路·
徐家汇

衡山路上的一幢幢洋楼是当年闯荡上海滩的冒险者们成功的标志。许多现代化的公寓则是上海中产阶级崛起最有力的佐据。这里的小红楼、衡山坊里曾经孕育着现代意义上的中国音乐、电影文化，那是开埠后文化的第一次飞跃。

上海，这座城

不泡吧的衡山路

一条衡山路总是能牵扯出太多的老上海故事。

当年的淮海路和南面的徐家汇是两个重要地标，衡山路就是为了连接两个地方而建的。其后它伴随着中西文化的碰撞，在老上海纵情存在了上百年。短短2 000米长的路上有400多棵梧桐树、1 000多栋洋楼。

"阿妹啊，这里的故事三天三夜也讲不完。"喜欢探寻旧事的上海老阿姨走过衡山路对着身边的年轻人这样感叹。的确，衡山路上的故事和落下的梧桐叶一样多。那些人，那些故事，去了又来，来了又去。

衡山路的故事很久远，大概从明朝开始。17世纪初西方传教士开始在上海活动。两百年后这条路的两头出现了两座教堂：徐家汇天主堂和基督教国际礼拜堂。那些充斥着高消费的洋楼酒吧，沐浴在南方春风中，营造了一个独立于这个城市的生活圈。今天，这些纸醉金迷的酒吧要么被遗忘，要么在孤独的洋楼里独自沉沦。现在，人们不需要在衡山路寻找所谓"先进""洋气"的生活了。衡山路似乎又站在十字路口寻找它下一个出口了。

基督教国际礼拜堂

绿色中的信仰守护者

穿过西班牙式的花园洋房、树影婆娑的林荫大道和懒散的户外咖啡座,一个木十字架高高矗立在衡山路、乌鲁木齐南路转角。那里是基督教国际礼拜堂。

平时,黑色的铁门严守着宗教场所的清规戒律。你可以把视线穿过门上的十字架,投到红色的墙上:一个大大的坡顶指向天空;绿色的爬山虎爬满了墙体,像是给教堂穿上了礼服；拱门外是同样孤独的半透明雨棚，遇到下雨天雨点会在上面自由地滑落；雨棚上面是用流畅的纹路装饰的弧拱形窗户。仿佛吹来了一阵哥特风，让人恍惚间来到中世纪。

若是周日，你可以踏入它瑰丽的礼堂。大堂外两条长廊分立两侧，高大的尖拱一个接一个排列着，对称而均匀。大堂底部是庄严的祭台，管风琴在旁边奏响完美的乐章。祭台后高大、细长的花玻璃透出三道光和隐约的树影，有着神秘哲学的韵味。随处走走，脚下踩着磨石子地坪，耳边传来唱诗声，和建筑共同营造了一个和谐的氛围。

国际礼拜堂是 20 世纪 20 年代美国人的杰作，可能是上海最大的新教教堂。至今散落在海外的堂友都会常回来看一眼，也有很多人喜欢在这里举办婚礼。

几十年来它变化不大，即便衡山路酒吧街兴起时它依旧如故。当衡山路热闹的酒吧沉寂后，今天的它还是原来的样子，静静地等着前来礼拜的信徒。

上海，这座城

知了茶馆
听着知了声品茶

在永嘉路不起眼的门面里常大有乾坤，知了茶馆就是其中的代表。

茶馆门面并不大，雕花的铁门静悄悄地敞开着。这个开在衡山路花园洋房里的茶馆透露的低调素雅之气吸引着茶道中人。踏进带着立柱的房门，总有能打动你的细节。

"你好！"服务员穿着古色古香的麻质衣服细声细语地和客人打着招呼。这里确实不宜大声说话。前台一壶白茶冒着热气,还有一缕清香飘满了屋子。墙边多宝阁中放着紫砂壶、古筝、瓷器和花花绿绿的茶盒。房间装饰简约,木桌子搭配绿色长靠背沙发椅和黄色长排沙发,除此之外几乎没有多余的家具,这让四面白墙上的色彩丰富的油画特别显眼。老板本身是艺术家,也经营艺术品,墙上的画不仅可以欣赏也能买回家收藏。

房间的一面墙处理成了落地窗,因为外面便是绿油油的小花园,花园不大却草木颇丰,这让露天座都好似藏身绿色之中。若是大雨过后,湿漉漉的花园会铺满落叶,诗意浓浓。而在夏天,绿荫下,茶香中,阵阵知了声可以化解一个夏天的"火气"。

安静的茶馆里,茶自然是主角。来自云南的老板亲自奔赴各个茶叶产地挑选,以保证茶叶的品质。同时套餐中的四份小茶点是最大亮点。最受欢迎的是本地特色的葱油拌面。这里的葱油拌面,面有嚼劲,口感爽滑,葱油的香味浓郁,酱油浓度正好能刺激味蕾,又不会过于浓郁。在上海如此正宗的葱油拌面已经很少见了,没想到云南茶人倒是拾起了这门手艺,也算是奇妙的"相遇"吧。

上海，这座城

安亭别墅·花园酒店
红叶下的西班牙式塔楼

　　一旦你踏入安亭别墅花园那道铁门，右手边草坪后的西班牙风格的大楼就会吸引你的注意力。一片绿色之后是一个极其对称的洋房。三层楼高的洋房有着平缓的坡顶，顶上开着三个老虎窗，屋檐下波浪形的装饰十分典雅。三层楼各有不同造型的窗户，最美的莫过于第一层的拱形窗户，中间有三个拱门，拱门内是突出的长廊，廊的两面蔓延出装饰着石柱的阶梯。

你也许会想着穿过草坪接近这栋可爱的建筑,但别着急,它并不是最值得留恋的历史建筑。你大可以沿着草坪边缘往前走,不一会儿,酒店新大楼就会出现在左侧。而它的对面——巨大的树木丛中就藏着安亭别墅,一个20世纪30年代西班牙风格的杰作。

或许树木遮挡了它部分"英姿",你看不清它的对称结构,但你一定会留意到它突出的转角塔楼。这是西班牙建筑中最"活泼"的部分,它不太"安分",明明已经有了对称结构、平缓的坡顶、红色的筒瓦、三个坡面的老虎窗,还要另辟蹊径地凸出一块来。这凸出的部分上下还不同,上层是八边形,下层是圆形,而屋顶则是圆锥体。塔楼的中间还有白色圆卷装饰。乍一看塔楼就好像是一个冰激凌蛋筒,最顶端的冰激凌正在融化。

传说这座楼原来是刘公馆,造价不菲,不仅外观美妙,内部设计也异常精美新颖。据说当时它的内部房间多为硬木平顶;地面要么铺细纹檀木,要么大理石开路;楼梯踏步则清一色花岗岩;古铜色的壁灯尽显奢华之气。不过刘公馆到底属于哪一位刘姓主人至今还不可知。唯一可以肯定的是它的设计者是李锦沛。这个从美国名校走出来的"学霸",设

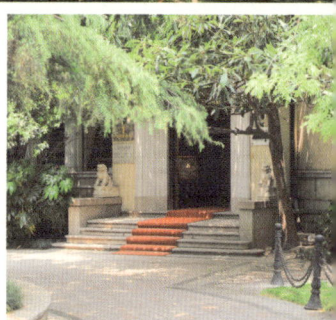

计的项目大都赫赫有名,最有名的就是纽约时报大楼和南京中山陵。

现在这座洋房已经是酒店内的一家高级餐厅,所以大家评论它都以"听去吃过的人说"开头,以"环境不是一般的好"结尾。

其实它只不过是安亭路洋楼的冰山一角。慢慢走完这条小路,你会发现不下5处洋楼。从新古典主义到英伦、巴洛克等风格的建筑都在这短短300米的路上。若是有机会一定要等到秋季走一遭。届时乌桕的红叶正盛,枫叶会把洋楼和马路装扮得分外妖娆。红叶配上黄色墙壁,红色屋顶的西班牙风格的洋楼美得像一幅油画,引得路人慢慢走、慢慢看,悄悄珍藏在心底。

衡山路·徐家汇

衡山宾馆

起起伏伏的现代派"钢筋铁骨"

衡山路到了宛平路陡然成了一个多条道路交会的枢纽。在这个繁忙的地方，一幢挺拔的高楼最抓人眼球——那就是衡山宾馆。

"这幢楼很棒啊，是老楼！"看见有人拍摄大楼，对面公园的保安总要上来赞叹两句。坐在喷水池石台上休息的人聚集起来问他："到底是什么时候建的呢？"这倒把保安给难住了。

其实只要在大楼脚下驻足仔细找找就能看到一块标着1934年的铭牌。这个年代上海还流行着装饰艺术风格,繁复的装饰设计随处可见。但衡山宾馆却很特别,干净利落、高大雄伟,像一个君王俯瞰着大地。

衡山宾馆其实是上海最早开始使用现代主义风格的建筑之一。它的诞生要从20世纪20年代万国储蓄会讲起。这个储蓄会由法商发起,与一般储蓄不同,它的储蓄20年到期,一次性偿还本金、利息、红利,其间也会有奖金发放。其实很像基金,而它主要的投资是上海的房地产。它兴建的资本来自法国金融机构,它的设计师米由第同样来自法国。这位倡导现代主义建筑的设计师给法租界吹来了简约的摩登公寓之风。

直到20世纪50年代,衡山宾馆还是一幢住宅楼,60年代后逐步转为宾馆经营。今天它是上海最老牌的高级酒店之一,这相当一部分得益于衡山宾馆建筑本身的优秀。现在步入宾馆,可以看到简洁大气的内部装饰,光可鉴人的大理石,一副气派模样。实际上它是上海最早的涉外宾馆,许多"老上海"认为衡山路酒吧的崛起和它的存在有密切的联系。

衡山宾馆诞生之初是西方城市住宅文明的载体,承载着上海第一批高级白领的都市梦想;经过一段时间的封闭后,它又成为上海重新引入西方生活方式的"楔子";今天的它又回归为一座怀旧气氛的酒店。

徐家汇公园
"老城厢"边上的"百代"之声

    吵闹的徐家汇每天交通繁忙,人来人往,远观是一派现代的清明上河图的景象。就在这熙熙攘攘的热土上却拥有着一片绿色,化作难得的净土抚慰人们忙碌的心灵。那就是徐家汇公园,它是无法复刻的景观。

    它有一侧入口是高大的烟囱,那是一段工业历史的见证。当年烟囱脚下是大中华橡胶厂,1926年便在徐家汇开厂。它在民国时期是民族工业的杰出代表,曾经制造出中国第一条轮胎,打破了国外品牌对轮胎产品的垄断。另外,工厂也是上海市区重污染工业的一个缩影。在这里建设公园,相当于把重工业置换成城市中心的绿地,正是上海城市建设从一味重生产向重环境治理转变的一个生动体现。

  建公园时,这个工厂唯一保留下来的东西就是那根烟囱。建设时还特意给烟囱戴上"帽子"——在最顶部安装光导纤维装置。有了这个装置,烟囱的顶部由内向外透出光亮,似在冒烟。这是在无声中向路人再现过去的历史,是对过去的怀念,同时也给人们敲响了警钟。

  公园北侧的一棵古老的樟树后面有一座特别的红色法式洋楼。比这座洋楼更特别的是,中国最早的流行音乐和唱片工业就发源于此。因为它就是当年中国最大的唱片制造公司——百代公司的旧址。这座三层的小洋楼里,底楼有录音室,曾经放置着上海第一套录音设备。直到20世纪80年代，录音室还在使用。现在楼外还放着一台德产的立体声翻录机。

这些景象让人们的耳边似乎又传来了当时的经典声音，似乎又回到那个余音缭绕的美丽时代。你闭上眼睛，仔细听，是聂耳和田汉的《义勇军进行曲》，还是梅兰芳的《贵妃醉酒》？

中华人民共和国成立后小红楼一直守护着上海音乐文化，当时的小红楼并没有现在这般鲜亮。"当时小红楼的外墙非常破烂，与今天看到的清水红砖墙相去甚远，经过装修，小红楼焕然一新，除了保留了楼梯转角处的木雕花，其他的装饰全部改变了。"人们如此感叹。

上海，这座城

衡山坊

掏空洋房弄堂，装进新生活方式

"咦？这里还有这么舒服的地方？"一位推着童车的母亲表达对眼前景致的赞叹。她看到的就是衡山坊，这是她在衡山路上最新的发现。

衡山坊的确"躲藏"得很好，就在喧闹的商业中心隔壁。它原本就是安静的洋房弄堂，然而现在修葺一新、重新规划设计的弄堂呈现出别样的休闲风情。

阳光依旧懒散地洒落在这片黄色的洋房上。统一花纹的窗栏、翻着毛边的墙壁透露着洋房的身世。这个在 20 世纪三四十年代诞生的洋房弄堂以前叫作树德坊。它包含两种建筑样式,北部属于上海典型的弄堂建筑,南部则是花园洋房。那时的树德坊更为隐秘,在密密麻麻的梧桐树下与世无争,很少引起人们的注意。不过进出树德坊的人不乏那个时代极具影响力的文化人。

  时过境迁,树德坊已经化身成衡山坊,展示出了崭新的面貌,新得好像是重建的一样。弄堂一下子通亮起来,绿色的植被和有趣的雕塑一下子把这里装扮得妙趣横生。建筑还在,建筑内部却被带走了,连同这里原本的弄堂生活一起被掏空了。你看不到蹒跚而出的老婆婆、迎风飘扬的晾晒的各色衣服、穿着拖鞋提着痰盂的阿姨,更不要奢望能有费穆、梅兰芳这样的大家出没。这里正被新的生活代替。

  你很难给衡山坊下一个定义,这里有餐饮,有精品店,有艺术画廊,什么都有似乎又什么都没有。这里更像是另一个"新天地",一个个遮阳伞在洋楼下打开,一杯杯咖啡、一瓶瓶洋酒、一盘盘精美的菜肴被人们消费。二楼阳台的鲜花和茶余饭后的笑脸一起盛开着。冷清的精品店打开着它另类、乖张的店门,似乎不在乎有没有人气,只在乎自我的独特。

  唯一能扯上文艺的是弄堂里的画廊和艺术品店。这些联排存在的艺术站点有着各自的看点。画廊里的员工保持着热情的服务。你若静静欣赏,他们绝不打扰;你若咨询,他们则热情大方。这里的艺术作品比较前卫,虽然弄堂空间有限,但通过精心布置倒也营造出了不凡的艺术感。

徐家汇天主堂

远东第一大教堂

20世纪的大上海,很多东西都可以冠以"远东第一"的称号。徐家汇天主堂也不免俗地被冠以"远东第一大教堂"的称号。

其实当你站在它的面前,会觉得任何称号都是多余的,那高耸在空中的钟楼、深沉的哥特风格、神圣的雕塑足以震撼每个人。这里是宗教圣地,更是上海文化发展的一个代表性建筑。

早在明朝，中国最有名的天主教徒徐光启就生活在徐家汇。那时，法国传教士开始在徐家汇建造耶稣会会院并传教。伴随着天主教的传入，西方的文化也一并被输入。徐光启的著作就是最好的见证。

眼前的徐家汇天主堂就是传教士们最好的"作品"。这个杰作光建造就花了10年时间。大堂钟楼高60米，其两侧的哥特式钟楼和尖顶高50米，教堂宽28米，可容纳3000余人进行活动。

然而再多文字，也不如你站到它的面前来得真切。原先你只能在宗教活动时探访它，那时，对大部分人来说，它是讳莫如深的宗教建筑。随着"徐家汇源"旅游项目的诞生，教堂终于成为景点对外开放。在讲解员的带领下，你可以轻松地进入这个圣地。讲解员会

衡山路・徐家汇

　　从建筑上的三位一体，到《最后的晚餐》的叛徒，再到壁画故事一个一个地说起，仿佛一部波澜壮阔的天主教教科书被打开了。当然你会忍不住在聆听故事时多看几眼教堂。高高在上的穹顶画着完美的弧线，阴暗的墙上投射着彩绘玻璃的迷离影子，所有的一切都恰到好处地对称着。

　　但是这里是不允许拍照的，所以你只能尽量多留一会儿，多看几眼，试图把教堂印在脑中。但愿你的脑容量足够大，因为除了教堂这里还有很多值得记住的东西。由于天主教的传播和徐光启的启蒙，徐家汇几乎是中国近几百年和西方文化交流的一个缩影。经过岁月的洗礼，这里留下的每一个老建筑都是一段中西文化交流的历史见证。

外白渡桥·莫干山路

今天,我们再回到苏州河,找寻那些桥上的故事。仓库里的战事,老建筑的蜕变,可能是他的故事或者是你的故事,总之,是这座城永远铭记的那些事。

上海，这座城

苏州河边走一遍

人们常说黄浦江是上海的母亲河，其实从细腻程度和亲密程度来看，苏州河更像是这个曾经的江南小镇的母亲。当苏州河还叫吴淞江，上海还叫华亭县、松江府的时候，这条河已经开始滋润这个水乡小城了，大半个上海古城因这条河而发展、壮大。后来的它又用100多年的时间见证了这座城市魔幻般的蜕变。

水路再恣意，也要陆路来和。苏州河的水路上众多桥梁通向南北，殖民时期是连接英美租界的要道，抗战时期是难民逃亡的必经路。苏州河的水路也是促进商业发展的利器，货物曾经通过这条河源源而来，滚滚而去。无数的仓库在两岸比肩，那些激烈的资本运作、商业斗争、传奇的故事像河水一样绵延不绝。

无数人在苏州河边走过，他们和这些桥、这条河、两岸的建筑一起构建了这座城，一起诉说着上海滩的故事。

上海，这座城

外白渡桥
一部钢筋铁骨的上海传奇

外白渡桥可能是上海著名的桥梁之一。它传奇的一生几乎就是上海的缩影。如果站在外白渡桥的桥头，那些纵横交错、比例协调的钢筋无疑是最吸引你的。

其实它曾经是残弱的木桥。从木桥到钢筋，从收费到免费，似乎正似一个封建城镇的开埠历史：从农业到工业，从小农经济的渔村到现代城市管理体系下的都市。它就矗立在外滩的源头，看着外滩从渔港变身为万国建筑博览中心、金融中心。

外白渡桥和上海荣辱与共。不过前几年它曾短暂"消失"，上海人才突然发现离不开它。好在只是将大桥回厂维修。其实上海人早已把它看作永恒的"外白渡"，因为它装满了这座城的故事。

就算对岸的东方明珠和上海中心的人们摩肩接踵，但游客始终把外白渡桥当作留影的"背景板"。

它也有别样风情。早上外国人在朝霞中听着音乐从桥上跑过；晚上拖着漂亮礼服的新人的摇曳身姿在闪光灯下留下最美的一瞬；繁忙的公交车开过，这座桥还会习惯性地"颤抖"。而你可以走远些看看它，相信在你心中会浮现出来很多画面，或许是白围巾的许文强，或许是纵身一跃的陆依萍，又或许是你自己的故事。

上海，这座城

浦江饭店
穿越时光回到老上海的上流生活

历史悠久、底蕴深厚、故态犹存、浪漫情调、引人遐想是人们为这家老牌饭店打上的标签。外滩北端外白渡桥头的巴洛克式建筑内有华丽的吊灯及拱券、彩绘玻璃穹顶、嘎吱作响的木地板、手摇控制的老电梯……走进浦江饭店，似乎看到了上海滩十里洋场的缩影。

老上海最经典的交谊舞会兴起于这里，那时候它还叫作礼查饭店。即便现在，走进它的孔雀厅,欧洲剧院般的大厅一下子就会让人想到华服加身的绅士淑女在曼妙舞曲中诉说衷肠、交际四方。

浓郁的贵族气息为浦江饭店赢得上海最豪华的西商饭店、远东最著名的饭店的桂冠。回眸百年,当时它在上海经济、文化、政治交流上扮演着重要角色,成为世界各地名人钟爱的下榻地。我们今天所看到的浦江饭店基本是在这个框架内奠定了发展格局,六层楼高的饭店是一座钢筋混凝土和砖木混合的建筑,呈现出英国维多利亚时代建筑的奢华,看上去又能感觉到具有本土特色的老上海风情。

这座"东方的华尔道夫",304房间住过爱因斯坦,310房间住过英国哲学家罗素,410房间住过美国前总统格兰特,8103房间住过意大利著名科学家伽利尔摩·马可尼,303房间住过美国著名作家埃德加·斯诺夫妇,世界知名的艺术大师卓别林更是两度下榻此处。现在这几位名人住过的客房被打造成了浦江饭店名人房,分布于三、四楼中厅周围。

历史的轮转无处不在。酒店当年的老板,那个上海滩赫赫有名的犹太商人嘉道理,曾经无限惆怅地带着他的集团离开上海到香港发展,半岛酒店就是他的产业。就在几年前,嘉道理的后人带着半岛酒店重新回到上海,巧合的是地址就在浦江饭店的斜对面,隔着外白渡桥互相遥望。这一望足足望了七八十年,让人不得不感叹世事变迁。

悠堂 上海，这座城

外滩源

上海新奢华的地标

上海的昔日华梦，是19世纪三四十年代的跑马场，是20世纪初的外滩万国建筑群，是20世纪40年代的百乐门大舞厅，而老一辈的上海人不会忘记，新一代的上海人却不曾知道，还有一个地方也曾与上海一同经历了历史的兴衰——外滩源。

在地图上，外滩源是一块占地1.68万平方米，由圆明园路、北京东路、虎丘路、南苏州路围合的地块。密集的殖民时期建筑群，配合边上重建的英国领事馆和大教堂，让人恍若到了欧洲小镇。穿梭在弹格路，一幅建筑艺术画卷就展开了。大教堂耸立着它的哥特式的尖顶，真光大厦身上竖起了邬达克的尖刺，兰心大楼在利落的线条的包裹下挺起了"肚子",原英国驻沪总领事馆则"躲"进了花园里……

　　这个比外滩发迹更早的地方,始终保持着低调,这与几步之遥的外滩形成了鲜明的对比。它甚至一度被人遗忘,直到四处寻找项目的"资本大鳄"想起了它的存在,才让它重新焕发生机。抹去了历史的尘埃,这里是上海新奢华的地标。优雅时尚的精品酒店、珠光宝气的奢侈品店、代表高尚生活的高端游艇品牌、飘着香味的米其林餐厅、高端神秘的会所、高雅清幽的美术馆纷纷入驻这里。陈丹燕在《外滩影像与传奇》中这样写道:"我曾爬到教堂塔楼顶上去过,在那里,能听到街道上汽车经过时,轮胎在路面上发出的沙沙声……"

　　外滩源依旧安静,从容地坐落在苏州河、黄浦江的交汇处,新的房产项目还在不断被开发。它记录着上海开埠初期的样貌,也是这座城市新的奢华生活方式的代表。

　　再回到邬达克的建筑下,新一代绅士在黄色花卉包围的咖啡馆又举起了久违的咖啡杯,一个从容不迫的下午开始了,上海滩的故事还在继续。

上海,这座城

上海邮政总局大楼

"Air Mail"的穿越之旅

　　这是人们绕不开的地标,是一座好似爱琴海风格的建筑,柱子挺拔高大,巴洛克钟楼高高耸立,文艺复兴的雕塑透着古典的情趣……当年"Air Mail"的牌子挂上大楼,英国人、法国人给中国带来了现代邮政。现在英文牌子被"中国邮政"替代,一场中国邮政的历史剧在这栋大楼里上演。这里是上海真正意义上现代邮政启航的地方,也是中西方文化在逐鹿中把上海推向现代都市的见证。

邮政总局大楼建于20世纪20年代。就像它建筑风格是折中主义一样,它的选址也是中西方文化折中后才定下来的。这座建筑呈"U"字形,独特的造型和考究的设计让它和外滩万国建筑比肩成为东亚最受瞩目的建筑。

今天这座古典的建筑依旧传承着邮政事业,各种邮政业务还在进行中。人们可以从高大的大门进入,踏着豪华的格子纹路大理石地板和优雅、对称的回旋阶梯来到二楼宽敞的大厅。当年这个大厅号称"东亚第一大厅",这种气魄一点儿没有丢失:地上的大理石纹路还是那么清晰,柜台古典的木栏杆油光锃亮,天花板上的漂亮花纹还是那么高不可攀。

许多老人游走在邮币卡柜台,或是坐在邮币卡交易中心的电子屏幕前看行情,他们可能是城市里最后的邮币卡爱好者。"我每天都来转转,这是爱好,建筑漂亮,邮票漂亮,看看蛮好。"年逾花甲的方老伯,不爱炒股爱邮票,是这里的常客。

大厅的一侧开辟了邮政博物馆。馆藏内容丰富,基本涵盖了中国上海的邮政发展历史以及国际邮政知识的方方面面,还有许多和这座建筑相关的故事介绍。

上海，这座城

七浦路服装批发市场
最草根的时尚地标

人头攒动，店铺林立，商场比肩，站在七浦路街头让人有种迷失感，不知该往哪儿去，就好像穿梭在服饰海洋里的男女老少不知道该买哪件衣服一样。

七浦路是亲民的，这从它诞生那一天起就注定了。别看现在七浦路都是有模有样的商厦商铺，刚发迹时也只不过是街头两三个铁皮铺。早先这条小路是农贸市场，后来逐渐演变成小商品市场，从20世纪80年代开始，总算发展到了服装批发的规模，这一下可是找准了点儿，于是就再也没改变过定位。

七浦路服装批发市场火了，于是由原来的河南北路、山西北路进一步扩张到福建路和浙江路，终于形成了规模。进入21世纪，七浦路服装批发市场也开始高速发展，相继建成了白马大厦服装批发市场、超飞捷服装批发市场、天阜童装批发市场、七浦路服装批发市场、豪涌服装批发市场和新金涌服装批发市场。

今天的七浦路周末依旧人头攒动，保持着纷乱复杂的视觉体验。从高大的购物商场到低矮的地铁铺再到少数沿街而立的街铺，眼花缭乱间各种层级的服饰一一展现。推着手推车的经营者在七浦路的天桥上上下下，大大小小的车辆穿梭在街市，一不小心客人就差点被轧到脚，随即便会听到客人的抱怨。一边看热闹的老客人则笑语："在七浦路还指望商家在意你的脚？"

纷乱的七浦路目前还在坚持着自己亲民、草根的路线，前店后工厂模式能紧跟市场潮流。一时间它也是领风气之先的时尚集散地。尽管由于网购兴起现在人气不如从前，但依旧有不少商家从这里淘货。七浦路正在用自己的坚持与网购竞争，同时也在网购中分得一杯羹。

上海，这座城

四行仓库
苏州河边的枪声和八百壮士

苏州河流到了西藏北路，河的北岸屹立着一座六层楼高的钢混建筑。80多年前，就在这个叫四行仓库的建筑里上演了上海历史上异常悲壮的一场战役。后来这个故事成为大家耳熟能详的"四行仓库八百壮士"。

20世纪30年代四家银行出资建造了这个灰色的仓库，故而大家叫它"四行"。时至今日它依旧是做仓库用。不过与建造之初不同的是，谢晋元的雕像在大门中矗立，纪念八百壮士的纪念馆也成为常设空间，这肯定是大楼设计者——邬达克未曾料到的，因为那场战争来得太快。

1937年7月7日日军开始全面侵华，8月13日日军大举进攻上海，开启了淞沪会战。为向国际社会表达中国坚决抵抗的信心，蒋介石决定将八十八师单独留守上海市区。不过最后实际抵抗日军的是一个加强营，有400多人，地点选在四行仓库。

这一守共持续了5天，其间，一个叫杨惠敏的女子将国旗送入四行仓库，第二天四行仓库上飘起一面青天白日旗，引来苏州河南岸3万多民众围观，成为一段传奇。

如今，站在四行仓库前，只见核心建筑被绿色脚手架包围，原来它要彻底成为战争纪念场所了。变化，在苏州河沿岸很是寻常。北面文化用品批发市场依旧平民化，再向北则已经是摩登的商场大悦城，东侧是新的创意园写字楼——四行天地。以往仓库摇身变为高端大气的苏河湾地产，五星级酒店、甲级写字楼、高档会所应有尽有。

在安静精致的苏河湾、四行天地乃至当年日军进攻的桥头堡（现在的大悦城）的空气中没有了硝烟,没有了震耳欲聋的枪炮声、厮杀声,有的只是消费的欢愉和奢华的体验。

　　苏州河还在流淌,当更多的仓库开始转型做起创意园区或高端地产时,也许没有人会留意到这个建筑和这个国家曾经历的峥嵘岁月。可就是它在恰当的时间站出来,向世界表达了一个民族绝不屈服的态度。也许我们不该忘记,你我至少可以穿过摩登商场、奢华会所、时髦写字楼,来苏州河边凭吊片刻。

上海苏州河畔国际青年旅舍

杜月笙的仓库，如今的咖啡屋

上海苏州河畔国际青年旅舍坐落在苏州河南面，它在河岸第一排仓库的后面，沿九子公园的边缘直走才能看到。这无疑是老仓库，青与红搭配的砖墙上满是绿色的爬山虎。仓库和仓库间有一个漂亮的拱廊。

仓库和仓库间形成一条深邃的弄堂，弄堂里的植物开出一片"绿的长廊"，零散的桌椅中间一张秋千椅特别显眼，走过的姑娘总是忍不住在上面摇上几下。客人们总是喜欢坐在青年旅舍最得意的这个绿色空间中喝杯咖啡，相对低廉的价格和惬意的环境搭配出苏州

河边最有性价比的休闲场所。

　　实际上不点东西也能自由自在地坐下休息，抬眼看看砖墙上的爬山虎，它们在风中微微颤动，似乎有故事要诉说。也许那是"上海闻人"杜月笙的传奇故事。因为这里曾经是他的地盘，他的仓库。20世纪初他在苏州河边陆续建起自己的粮仓，他的生意做到了苏州河上。中华人民共和国成立后这里变成了国营仓库。时至今日，资本的运作下，它们转型为艺廊、写字楼、青年旅社和商店，似乎都找到了自己的归宿。

　　相对于早年火热的生意场面，现在这里显得安静得多，看上去更像是被大家遗忘了。不管是艺廊还是商店都门庭冷清。苏州河还在仓库前流淌，那些火爆的场面和传奇的故事也随之一起流走，徒有不明就里的旅客还在感叹："这就是杜月笙的仓库啊！"

莫干山路 M50

不止"何以笙箫默"

M50在上海的创意工场中是老资历了，它是第一批以这种特殊形式出现在上海滩的，让一度寂寞的苏州河沿岸成为一片热土。

可惜的是创意园的热潮没能持续多久，雨后春笋般冒出来的创意园更是稀释了M50的独特性。后来一部《何以笙箫默》又让大家想起了它。厂房下、咖啡馆里，电视剧里呈现的戏剧性的场面总能勾起人们产生探知的欲望，也不管这里是否还能重现电视剧中的场景。

其实 M50 绝不只是《何以笙箫默》中展现的那样。事实上它的精华不是拿着咖啡在厂房中穿梭或是谈一次空前绝后的恋爱。回到原点，这里是艺术空间！

莫干山路 M50 号最初是徽商周氏家族企业的信和纱厂，后成为上海第十二毛纺厂、上海春明粗纺厂。2005 年命名为"M50 创意园"，如今是沪上最热闹的艺术区之一，非常适合热爱文艺的人来访。

文艺之旅通常从莫干山路路口就开始了。这里沿街蔓延着涂鸦，可以说是涂鸦一条街。浓烈的色彩和夸张的造型令人眼花缭乱。画师甚至连电线杆、垃圾箱都不放过，只要是一个平面就能涂鸦。

走过涂鸦街，M50 的入口是那个熟悉的咖啡馆"香风丽舍"。遮阳伞下莫吉托散发着夏天的味道，一堆粉丝正在追逐记忆中的戏剧场景："就是这里，就是这里，靠窗的位置。"其实往里走才是真正 M50 的世界。朴素的厂房外到处都是奇特的橱窗。每一栋建筑、每一面墙上都有相应的艺术品，后现代的视觉、艺术性的照片、夸张的装置让人目不暇接。

怀旧的人们钻进暗房冲洗自己的胶片；有想法的人们站在奇怪的艺术品前陷入了沉思；热爱休闲的人抢占了"树荫座"享受树影的"按摩"……这里，总有办法让你闲下来，不用着急做什么，这就是 M50，只要你去看，何止"何以笙箫默"。

上海滩的故事吸引着千千万万的游客，市中心更是人流涌动。游客在人流中奋力家找寻找出路，一身大汗淋漓后却无处藏身，奇怪的呼喊此起彼伏，那万国建筑、十里洋场再美也不过是人海中毫不起眼的商业建筑。

上海，这座城

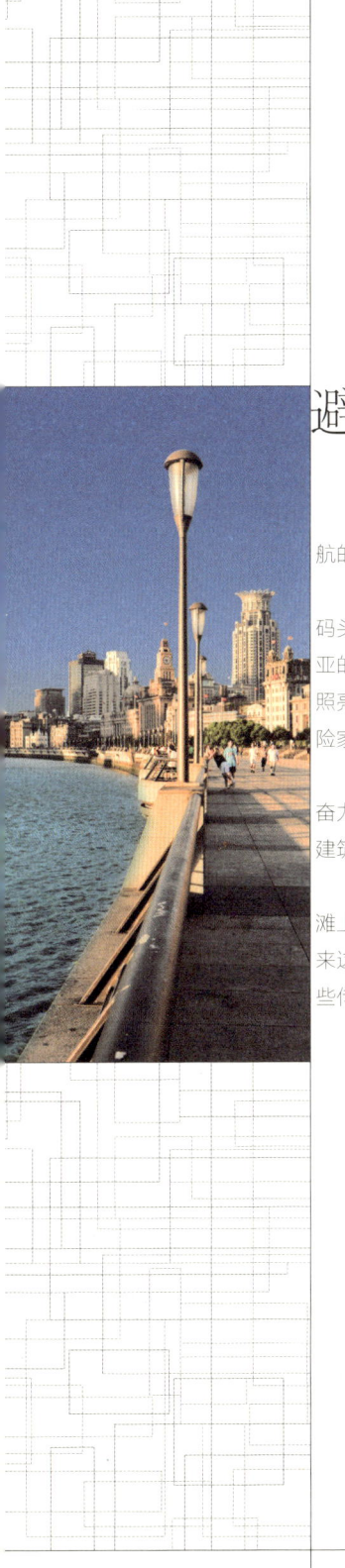

避开人流看真正上海滩

这里是上海的核心,从外滩经过十里洋场到人民公园,是上海滩现代都市启航的地方,也是上海滩的源头。

当年英国人选定这里为租界,把资本主义经济模式带到了上海。于是外滩的码头船只铺满滩涂,高大雄伟的艺术建筑占据岸上,洋行争相进驻,一个影响东亚的金融中心逐渐成形。资本运筹、较量,在十里洋场让一个不夜城的商业霓虹照亮东方。跑马场里引进了英国人的娱乐项目,也带来了梦想一夜暴富的人。冒险家的乐园是对这里最恰当的形容。

上海滩的故事吸引着千千万万的游客,市中心更是人流涌动。游客在人流中奋力穿梭寻找出路,一身大汗淋漓后却无处藏身,奇怪的呼喊此起彼伏,那万国建筑、十里洋场再美也不过是人海中毫不起眼的商业建筑。

那么不如换个时空吧。起个大早,去上海滩。那时空气清新,阳光温柔。外滩上行人稀少,空间广阔,建筑清新逼人。十里洋场也露出难得的纯净姿色,原来这里是上海的"香榭丽舍"。一阵微风吹来,吹上了外滩,也吹来了上海滩那些传奇的故事。

上海，这座城

外滩
赶在太阳升起前见证上海滩

外滩无疑是上海的标志，上海滩这个称号恐怕也出自这里。

170多年前这里还是无人问津的自然滩涂。除了纤夫们用脚踏出的纤道，别无他物。开埠后英国人最先看中这块滩涂，1844年被划为英国租界。此后不久，一个忙碌的贸易港口在外滩出现。接着洋行们抢占地块，纷纷建起自己的大楼，万国建筑伴随着东方的金融中心一起崛起。到了今天，那些有着古典复兴主义风格的建筑、聚拢着都市消费风气的娱乐场所是游客们绕不开的景点。

　　太阳还未升起时，外滩上只有寥寥数个身影。几个彻夜守候日出的年轻人已经在外滩的板凳上熬了一夜。推着自行车而来的老爷爷八成是来放风筝的，他们总是聚在老地方，停好车就把家伙亮出来。还没等太阳出来，他们就先用风筝点缀天空了。别忘了扛着三脚架的几个摄影发烧友，他们仔细地选择最佳位置，静静地等待对岸绚丽的日出。

　　太阳终于要出来了，在遥远的杨浦大桥方向，渐渐把天空染红。红色朝霞中对岸的陆家嘴群楼的剪影越发高大了，背后的万国建筑也渐渐清晰。"哦，今朝的太阳！"等待了一夜的年轻人由衷感叹。摄影师们迫不及待地按下了快门。从外滩奢华的酒店走出的人们的松惺睡眼被暖暖的阳光照耀。微风中一对外国情侣紧紧相拥。热爱运动的都市人也纷纷出现，先是喊着口号的中年上海人呼啸而过；接着肌肉结实的外国人戴着耳机穿过外滩；几个滑板少年在万国建筑的背景下翻腾跳跃，青春洋溢在脸上；人民英雄纪念碑下，一群太极拳爱好者也开始了晨练，矫健的身姿在东方明珠和纪念碑的衬托下上下翻腾。

　　这时的世界是清朗的，你可以静静地欣赏那一座座漂亮的建筑，折中主义风格的、巴洛克风格的、哥特风格的、中西结合风格的……一个个故事呼之欲出。这里没有前呼后拥的人群，这里似乎只有你和外滩，另一个上海滩呈现在你眼前，你只需要静静品味其中滋味。

上海，这座城

南京东路
迷人的"欧洲倩影"

南京东路是忙碌的，它是上海商业的核心，也是中国的"第一商业街"。当时，犹太地产商、洋行买办、本地帮会、南洋华商、租界工部局等多重势力、资本带着现代商业的理念，在竞争和合作中点亮了上海都市商业的霓虹灯，一座不夜城才真正崛起。"先施""永安""大新""新新"四大百货曾经不可一世地矗立在南京东路的显要位置，开创中国商

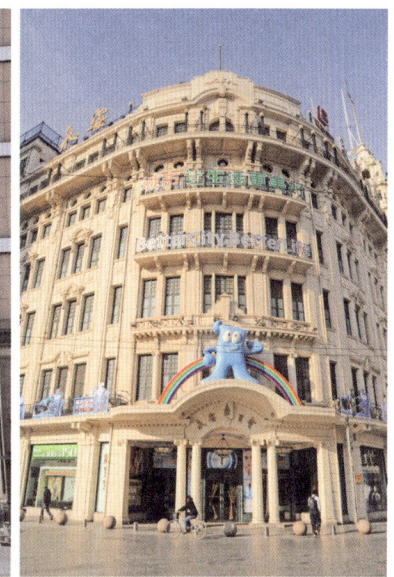

业发展中许多第一——第一个使用自动扶梯；第一个在百货公司设空中花园；第一个将杂耍场、魔术表演、赌场、咖啡厅、顶级餐厅、茶室、酒店、服务式公寓和百货公司融为一体的商业形态；第一个使用空调系统；第一个售货人员使用统一制服；第一次引入环球百货概念；等等。这些至今都是人们津津乐道的商业传奇。

即便在后来的岁月中南京东路上的商铺纷纷国营化，但它依旧是全国人民最向往的商业街。直至今天，南京东路的人流密集得像是黄金周里的海滨浴场。人们在摩肩接踵中前行，汗流浃背只为体验购物的快感。

这样的旅行未免太过乏味，还没来得及找到"四大百货"的倩影就已经意兴阑珊。如果要好好看看南京东路的模样，一定要在商店开门前来到此地，那时看到的将会是另一番模样。

清晨的上海刚刚苏醒，这时南京东路还没有忙碌起来。太阳露出第一道光，斜斜地射到南京路。没有拥挤的人群，房子也清晰起来，在朝阳里呈现出温暖的色调。原来这里也弥漫着文艺复兴式的浪漫气息。

地面的彩色地砖反射着阳光，迎接着漫步的人们。"四大百货"一个个造型各异的塔顶直指天空，它们背后是最高的塔顶——东方明珠。一块块巨大的招牌下，古典的装饰和阳台探出优雅的"身姿"。早起的人们精神抖擞地走在骑楼下。阳光下，门洞留下弧形的影子，人则留下细长的身影。从门洞里望出去分明是一个美丽的"欧洲街道"。这是南京东路最美的时刻。9点以后，那个你熟悉的"中华第一街"又卷土重来，所以抓紧时间多看几眼吧。

沐恩堂

看看红色十字架还在旋转吗

走过人民广场西藏南路,在一片玻璃幕墙的当代建筑中一抹红色非常显眼。老上海人走过时总会冒出一句:"哦,沐恩堂咯。"

这是邬达克设计的教堂。是的,又是他的作品。这座教堂在20世纪30年代初就呈现出现在的模样了,这正是邬达克崭露头角的时候。教堂里许多元素体现了邬达克式的设计特点。外墙红砖凹凸有致,建筑的转角、窗框都用了灰色的装饰,高高瘦瘦的尖拱从大门延续到钟楼。大堂内部的柱子、栏杆、讲经台上都出现了剁斧石装饰,而尖拱顶也从屋外延续到了室内。

比较有趣的是高大的钟楼被设计在教堂西南角，使得建筑不是绝对对称的，重心偏向了西南，并且西南面还有4层副楼和附属学校。从建筑结构上也能看出当时基督教对教育的重视。宗教教育的传统至今还在传承，华东神学院就设在堂内。

除了邬达克，沐恩堂和美国基督教关系更密切。它前身是美国教会监理公会设立的监理会堂，今天的模样也是因为一位叫慕尔的美国信徒慷慨解囊捐助的结果，因此教堂也一度被叫作慕尔堂。

沐恩堂20世纪在上海乃至亚洲都名气很大，其中很大原因是它有一个会旋转的霓虹灯十字架。在20世纪30年代，一个慷慨的美国教徒参观教堂后捐钱在钟楼上设计了一个会旋转的霓虹灯十字架。这在当时是非常稀奇的东西，使得教堂名噪一时。

星巴克咖啡（西藏路店）

绿荫丛中看钢筋丛林

星巴克大多大同小异，但西藏路店却有些不同，因为它有上海绝无仅有的露台。尤其是在寸土寸金的人民广场，就更是难得了。露台在二层，实际上是人民公园边的高层绿地的一部分，于是这个露台与一片空中树林为伴。树木张开绿色的枝丫像遮阳伞一样遮蔽了一小片天空。树底下都放置了圆形的椅子，总有情侣坐在树下或草坪上享受斑驳的阳光。

因为是腾空而建，这里视野极好，可以360°地欣赏人民广场的风景。如风姿绰约的国际饭店、大光明电影院、沐恩堂等老建筑；雄壮的博物馆讲着天圆地方的故事；南京路上，世贸百联竖着天线，像"擎天柱"一样守护着"中华第一街"；莱福士商厦前人头攒动，头顶上是从未中断过的巨幅广告。

喝着咖啡，耳边还会传来儿童乐园里孩子们的笑声。顺着笑声望去，一个哥特式钟楼冒出绿色树丛。有趣的是，再远些的现代钟楼在更高的天空中矗立，那是浦西第一高楼——明天广场。难道设计师是在向过去的大师致敬？

无论怎样，从建筑变化中能看出上海的时代间隔清晰无比，上海的钢筋丛林也是有故事的。

上海，这座城

人民公园
从跑马场到相亲角

  人民公园就像是上海的"中央公园"，占据城市的中心位置，一直充当着"城市绿肺"，给市中心的人们一个可以自由呼吸的地方。

  其实一开始它只是个英国人的跑马场，但现在连跑马场的半点影子都没有了，都是误入的游客和来此消遣的老人。一座半圆形的遮阳篷像时光隧道一样，穿过去并没有回到跑马场，反而到了"相亲角"。一块块招牌上贴着征婚的信息，女硕士、男博士、高管、公务员……各种履历在你眼前晃动。一大批阿姨、爷叔聚集着互相闲聊："侬小囡几岁啊，啥地方做，身高多少啊，有房子吗？"从老人一个个焦急的眼神中看到的是这个都市青年人最迫切的问题。有趣的是，从前的婚姻模式在快节奏的现代都市中重现。

人民公园已经不会再和跑马场沾边了，但绝不只"相亲角"可游览。每周日，"英语角"都会迎来老中青三代的英语爱好者，当然也有外国人。他们用另一种语言诠释了新时代中西交流的和谐。公园的荷花池保留了硕果仅存的江南园林风貌。荷花池边，老伯伯们摆开了一桌桌牌局，有时围观的人比打牌的人还多。喧嚣中一天的时间就这样被打发了。

但他们似乎没有发现更美的景色。荷花池后睡莲正开着，倒影之外是一个梦幻般的建筑，它如天外飞仙般落在荷花池中。那是老牌的餐吧，是欣赏公园美景最好的去处。更惬意的去处也许是树荫下，在斑驳的阳光下打开一本书，一个世界呈现在眼前。更文艺的青年应该更青睐去当代艺术馆消磨时光，而且它的楼顶还能看见上海最美的天际线。如果你是孩子，那自然要去欢乐谷，那里的游戏会给你的童年增添色彩。那个游乐场的孩子长大后会不会在"英语角"里学英语？会不会也需要参与"相亲角"的讨论？会不会在荷花池的餐吧里喝几杯？最后会不会也在池边打牌消磨时光？

东泰祥生煎馆（重庆北路店）

老字号里的上海味道

东泰祥是生煎界的老字号，在上海颇有名气。就连远道而来的香港美食家都禁不住诱惑专程拜访。

在重庆北路的这家分号，门面并不起眼，在老城区里，它像周围的街坊一样朴实、平淡。进入大门倒是有点现代餐厅的模样，店铺也很宽敞。最意外的是还有敞开式厨房。一个个师傅就在里面现包生煎,做皮子、拌馅……步骤能被看得很清楚。

　　说是生煎馆,除了生煎,老上海的点心、快餐也都有供应。公司白领王先生经常来这里解决午饭:"有时候公司订的盒饭不想吃,就惦记着来这里改善一下。"据他说,到了中午店里常常人满为患,附近上班族都喜欢来这里吃午餐。

　　人们喜欢这里的生煎,因为这里有和小时候一样的老味道:皮薄、底厚,皮子有韧性,底上的焦面火候正好,咬着有松脆的口感和焦香,肉里还带着鲜美的汤汁。

　　经典的菜品还有葱油拌面。这碗面,葱带出香味,酱油调出鲜味,再拌上嚼劲很足的面,堪称杰作。另外,还有用百叶包的油豆腐粉丝汤、虾仁的小馄饨,虽然都是老上海味道,可老字号总能在细节上给人惊喜。

上海，这座城

十六铺和老码头

停航的老码头

传统外滩从外白渡桥到金陵东路便结束了，再往南是十六铺的地盘。在地产火热的今天，开发商更愿意把这里和外滩联系起来，高雅地称它为南外滩。但在上海人心中外滩是外滩，十六铺是十六铺，两者是独立的地标。

实际上十六铺准确地讲是十六铺码头，历史甚至比外滩还久，源头可追溯到清朝咸丰年间。在水运兴盛的年代里,这里是上海的门户,亚洲东部最大的码头。如果你能穿越时空到那个年代,会看到那时的十六铺码头船只挤满江面。放眼望去千帆万旗在风中飞扬,大小麻袋、包袱在跳板上起起落落。各方势力也在这片水上竞争,因为拥有码头就拥有财富。

水上旅游中心的建造,让一切旧的建筑不复存在。除了游览的船只,你再也找不到码头的影子。

如果你想感受一下码头原来的样子,恐怕不得不再向南走,在老码头创意园或许还能看到一点原样。老码头是在江边码头、仓库的基础上改建的。和十六铺不同的是有一些老建筑得以保留,其中样子最旧的是一家叫"水舍"的精品酒店。建筑的外观堪称破旧,斑驳的墙面,生锈的铁铸,完全一派破败老仓库的感觉。但走进里面却是另一番景象,用心良苦的设计,精心摆设的装饰,会把你带回现代。另一个老房子是老码头中心位置的石库门。这家独栋的石库门像一个活化石一样立在中间,周边是红色的仓库式建筑,高级餐厅和酒吧是这里的主题。喷水池、遮阳伞、艳丽的鲜花、老式的建筑构建了上海人又一个休闲地。夏天,这里是深夜看世界杯的好地方,靠江边的人造沙滩更是潮人聚会的首选。平时人们喜欢在铸铁栏杆的阳台上坐下,看看底下石库门和喷水池的奇妙组合,再喝几杯解忧的杜康酒,在阳光下相谈甚欢。

再繁忙的码头终将停航,再多的故事也只能被人遗忘。

董家渡面料市场

做件旗袍怀旧

  董家渡原先是低矮平房、里弄密集的老城区，大规模改造后这里最出名的便是驰名中外的面料市场了。

  "以前常有外国人拿着纸条找寻董家渡面料市场。现在也有，不过很多外国人已经会说中文了。"开了20年出租车的司机王师傅记得10年前就有很多外国人喜欢去董家渡做衣服了。

这从一个侧面道出了董家渡的发家史。董家渡面料市场原先是纯粹做面料生意的。董家渡靠近码头，可以直接将货品接到船上，具有了这样的优势，有些人就做起面料批发、零售生意。起先只有些小老板自己看书照样做简单的裁剪，后来有外国人带着时髦的样板让小老板们制作。剪裁成衣的生意渐渐红火起来，也成为董家渡的招牌。现在的小老板都能加入自己的设计，这更让董家渡备受瞩目。

　　董家渡面料市场也随着南外滩旧区改造经历了一轮搬迁，现在面料市场已经搬进宽敞的商厦里。走进去，一个个铺位井然有序地分布着，一匹匹面料在铺子中间陈列着，颜色、品种之多让人眼花缭乱。有些品种的面料一般人叫不上名字来。"只有我这里有！"只要你问，老板都会自豪地强调他家面料的优势。

　　铺子靠墙位置都摆出了成衣的样子，从男士西服、衬衫到女士礼服、旗袍，各种服饰应有尽有。最有趣的是铺子上都有英文招牌，许多老板也起了让外国人容易记住的英文店名。

　　不要小看这些铺子，它背后连接的可能是江浙面料加工厂或者长三角的轻纺批发市场，有的生意触角已经伸向东北边贸。有老板称自己给东华大学设计师做过衣服，也许某天你看到秀场模特身着的就是他家的衣服。还有的老板本身已经是小有名气的设计师，还曾上过一些时尚杂志。

　　有一种衣服你必须到这里来做，那就是旗袍。上海人普遍认同旗袍不是量身定做的则很难穿上身，因此旗袍定做也成了董家渡的一大特色。带着一颗怀旧的心，享受一番老上海式量身做衣，等上十来天得到一件只属于自己的旗袍，恐怕是每个女人的梦想。

这里没有大型商场,没有奔走的人流、急匆匆的车辆,小小的店面,却有着最高品质的追求,慢慢行走的人们保留着优雅的姿态,或大或小的故居里总有几枝红花出墙来……这种精致的生活极其自然地随岁月流走,再有名的名家终究要离去,而这种悠然宁静的生活状态却从未消失。

遇见上海，这座城

故居外的精品生活

100多年前，当南京路、外滩所在的公共租界成为金融、商业的中心，当它的喧闹响彻上海，光芒照耀亚洲时，它背后的法租界成为一个安静、精致的所在。白天西装笔挺的洋行职员、富豪巨贾、政客们汇聚公共租界后，夜晚必然会回归精美的法租界。如果说公共租界是事业，那么法租界就是生活。

不仅是政商人士，它也吸引着当时的文化人。当然前提是有经济实力，毕竟不是每个人都消费得起的。即便一个多世纪之后这里依旧是高雅的住宅区，尤其深受外国人和文艺青年的青睐。风格和价格未变，只是没有巴金、贺绿汀、宋庆龄、黄兴这样的大家出没街头了。

好在成熟的社区规划、精美的建筑使这里几乎没有"伤筋动骨"，是上海少数风貌保留得非常完整的街区之一，让我们有机会体验到20世纪大家的生活情趣。这里的道路依旧不宽，刚好两辆车可通过。道路边的梧桐倒是特别茂盛，夏天时甚至能遮蔽整条大道。梧桐树边一栋栋小洋楼躲藏着，间或有造型独特的艺术风格大楼露脸。这里没有大型商场，没有暴走的人流、急匆匆的车辆、小小的店面，却有着最高品质的追求，慢慢行走的人们保留着优雅的姿态，或大或小的故居里总有几枝红花出墙来……这种精致的生活极其自然地随岁月流走，再有名的大家终究要离去，而这种悠然宁静的生活状态却从未消失。

兴国宾馆
五星酒店里的花园洋房

稍稍靠近兴国宾馆就能体会它花园的特质。铸铁栏杆里树木都急着爬出来了，洋房的外侧放置着一盆盆鲜花，一年四季吐露着芬芳。在草坪、花园、古树的包围中，兴国宾馆居然坐拥十几幢 20 世纪二三十年代的洋房。

踏着柔软的草坪，踱步于曲折的石径，一个个独特的别墅就会映入你的眼帘。戴着黑色边框的三角屋顶、一个个相连的拱券、一根根立柱、各种凸起的造型、一面面画着漂亮图案的窗户……向你扑来，让人应接不暇。西班牙式的、英式的、法式的、乡村式的、古典主义的，各种风格汇聚让你只恨自己建筑知识太少。

这里起源于太古洋行等外资公司在20世纪二三十年代的投资。由于它们"过分美丽"，这里一直是上海的"掌管者"争抢的对象，你争我夺中流传出众多故事、传说。

其中1号楼更是最具传奇色彩的一栋楼，它就在兴国宾馆最隐秘的别墅区前面。足球场大小的草坪是它的地毯。蓝色的斜坡屋顶和白色的古典主义外观相结合，就像在童话里一般。屋顶上有两个白色烟囱和五个老虎窗。二层用爱奥尼柱、一层用多立克壁柱做支柱。

它曾是一家外国冰激凌公司的办公楼,抗日战争后蒋介石经常用作会议、活动场所……这只是它众多故事的一小部分。

直到今天它依旧带着些神秘的气息。长廊里部分天花板竟然剥落了也无人打理,阳台上煞风景地晒着内衣,大门始终紧闭。

好在从外观上看这里风景依旧,草坪另一面树林里,两棵老香樟树展开巨大的"身姿"笼罩着大地,也给底下的石凳撑起一片阴凉。这是你最应该前往的地方,躲在树影下,在遒劲低矮的枝丫旁坐坐。漂亮的1号楼就在草坪对面,在阳光下耀眼夺目。你的脚下是一片香樟的枯叶,光影斑驳地打在上面,偶尔打在一两棵不起眼的小野花上。它们坚强地破土而出也是想看看这片花园洋房吗?

永福路·交通大学

巴金故居
那年的花又开了

　　走过武康路和湖南路交界的拐角处，视线容易被街角突兀的高层大楼吸引而忽略了边上草木缤纷的小楼。这栋容易被忽视的宅子——武康路113号，正是巴金居住最长久的居所。好在门口有上海爷叔静静地发放免费门票，提醒人们这里可以参观。

　　巴金故居是这一带唯一可以进入的花园洋房，从大门进入是花园主楼的北侧。铺满细鹅卵石的棕色墙面让它的外观看起来简单、朴素。圆形的拱门揭露了它最初由英国人建造的"身世"。南侧墙壁对着草坪,长廊里四扇窗门采集了足够的阳光,也让主人能一眼望见一片绿色。想来这里应该是《随想录》中的"阳光间"了。

从门厅到客厅再到书房、储藏室,几乎原样保留了旧时的模样。丰富的物件几乎能勾勒出巴金下半生的生活、工作状态,这里可以说充满故事。《团圆》(后被改编成电影《英雄儿女》)等讲述抗美援朝的小说,《倾吐不尽的感情》《赞歌集》等多本散文集都是在这里完成的。此外,巴金翻译的《往事与随想》等文学名著也完成于此。故居曾经"谈笑有鸿儒",萨特、波伏瓦、沈从文、曹禺、柯灵、唐弢等都曾是这里的客人。这里也曾陪巴金走过艰辛岁月。20世纪70年代,妻子萧珊病世,巴金也被剥夺了写作的权利,他把自己锁在武康路寓所北辅楼面积不到3平方米的保姆间里,重译屠格涅夫的《处女地》。

人虽已去,但巴金当年赏过的花木依旧在院子里生长:广玉兰、杜鹃、梅花、樱花、葡萄……每年都按时节点缀着故居。"最好看的还是樱花!"看护故居多年的上海爷叔对这里的花季了如指掌,"最好的时节是5月份,我们这里开得比较晚。"他说故居比较肃穆,只有粉嫩的樱花盛开时才更有鲜活的生机,让人陶醉。

交通大学

老房子里寻觅南洋公学风

交通大学是上海最有趣味的学府,它是国内鲜有的一所跨越三个世纪、保留发源地与办学地不变的高校。淹没在徐汇高楼里的交通大学,就像是拒绝改变的老人执着地用老建筑、树荫下的石碑讲述南洋公学的故事:1896年盛宣怀这个清末的洋务高官在上海设立南洋公学,从师范到大中小学皆有,从此翻开中国近代教育的新篇章,也给我们留下了闹市中的交大。

故事的发生从校门就开始了。看到那雕梁画栋、古色古香的中国传统门楼,分明更像是在北京。门前矗立两根古老的路灯,上面写着"校门桥"的字样。原来南洋公学门前还有河流过,今天它面对的只有宽阔马路上的车流了。其实学校校门开始只是简陋的木牌楼,现在看到的校门和路灯还是当时爱心人士和校友捐建的。

从正门进入没几步路就会看到右手边草坪中南洋公学的界碑和石磙,这恐怕是南洋公学留下的最老的物件了。边上还有一个花岗岩基座,上部本该有一尊荣熙泰先生的铜像,现在不知所踪。不过他的家族捐助过的老图书馆就在背后,依旧屹立不倒。

从老图书馆开始,过客们可以经历一次令人兴奋的历史建筑之旅:1918年的老图书馆窗户的油漆都已经斑驳了;体育馆的长廊里罗马和巴洛克风格交织着;南洋公学中院里的吊灯还在优雅地发光；新中院已经化身为独具特色的艺廊；工程院在装饰艺术中透露着哥特风；总办公厅门前的石狮子还在尽忠职守……这里的建筑恐怕三天三夜也说不完。

最让人开心的是大楼基本能自由出入。老图书馆里有校史馆，从南洋公学到交通大学的历史有详尽介绍。最令人印象深刻的是著名校友之多，不得不分三个阶段，贴满三面墙。新中院则已经是"董浩云航运博物馆"，向游人介绍中国航运的历史。即便没有任何展览，在老建筑里穿梭也是奇妙的。踏着光滑的大理石台阶，抚摸着回旋楼梯的木把手，看阳光从各种风格的窗户中透进，仿佛触摸到了中国近代教育的脉搏。最神奇的是穿过工程馆哥特式的尖拱券门，竟然是一片绿油油的中庭。爬上铁楼梯俯瞰，一片梧桐护卫着中庭的道路，在阳光下学生从哥特式的门洞中缓步而行，一片祥和。

上海，这座城

鲁马滋精品咖啡
真正的咖啡客乐园

在赵丹故居的对面有一家鲁马滋精品咖啡店。这家店只供应现磨、手泡的精品咖啡，店面小到只适合两三个人相聚。通常手泡一杯咖啡要 5 分钟。如果人多要等好一会儿才能品尝到。店外人行道上通常会摆一张桌子，坐在这里视野开阔，赵丹的故居就在眼前。头上或许还有枯叶飘落，与此同时新芽也已经悄然生长着。

永福路·交通大学

鲁马滋没有张扬的设计，没有夸张的门面，只有安静的角落和飘香的咖啡，它将一种低调的精品咖啡格调带到了这一区。也许没有比它更适合开在这里的咖啡店了——世界各地优选的咖啡豆，日本老板亲自烘焙，每一杯都坚持纯手工泡制，细腻到每一滴水的水温、每一次滴滤的时间都要精确计算，再加上咖啡师自己的理解和感觉，一杯安静、从容、优雅的精品咖啡才诞生。这里已经成为上海咖啡爱好者私藏的乐园。

"嗨，你好，怎么这么久没来？"

"出差了，我给你带了礼物呢，最近有什么新品给我试试？"

许多客人已经和咖啡师成为要好的朋友，这样的对话在鲁马滋很常见。无论外面的世界怎样变幻，这里永远都是咖啡客最无忧的乐园。

上海，这座城

徐汇老房子艺术中心
让老房子诉说故事

在武康路、泰安路路口短短百米的距离里大有乾坤。徐汇老房子艺术中心、黄兴故居、原意大利领事官邸都集中在这里。短短时间里就能从老房子展览中了解上海老建筑，更能从实实在在的建筑中读到老房子的故事。

徐汇老房子艺术中心同时也是武康路旅游咨询中心。因为武康路的建筑在上海历史建筑中非常具有代表性，所以索性在这里开一个老房子的展示窗口，向游客介绍上海老房子的故事。

刚踏入中心前厅，便能看到老房子里的老式台盆、烤箱、铁床等，在老式吊灯和带着瑰丽花纹的地砖配合下让人大开眼界。走入大堂，一批中年阿姨正在参观，大堂里漂亮的武康路洋房模型让她们震惊。虽然都是上海人，但似乎她们并没有如此细致地看过这些老房子。"嗲的，嗲的！格房子哪能噶漂亮？！"赞叹不绝于耳。一边墙上挂着从老房子上拆下来的物件，如门把手、铰链、筒瓦、红砖、青砖等，边上有详细的文字解释，一下子能让你充分了解老洋房的建筑材料与构架。剩下的墙面上则挂着老房子的照片。

最后，参观者可以前往视频厅，坐在考究的古典靠背椅上慢慢聆听老洋房的故事。"一会儿我们就会去看这个'罗密欧阳台'。""罗密欧阳台"是上海知名作家陈丹燕在《上海的风花雪月》中对武康路上一意大利式阳台的浪漫描述。现在成了武康路的"地标"。

再仔细看看中心的建筑设计，你会发现有文艺复兴时期建筑的感觉。建筑一二层是贯通的，中间是不规则的椭圆形大厅。地面复古的花纹地砖勾勒出大厅的形状。二层铸铁花纹栏杆透露着不凡的文艺气息。最令人印象深刻的是顶部超大的彩绘玻璃装饰。

宋庆龄故居

故居里的香樟树

淮海中路1843号香樟树包围着的花园洋房是淮海路上一座重要的建筑。其实它与边上的花园洋房相比并无特别之处，只因为宋庆龄曾在这里居住才让它有了特别的意义。

宋庆龄从1948年到1963年在这里居住了15年，是她在上海住得最久的居所。如今这座建筑已经成为宋庆龄故居被保护起来。门口笔直站立的武警显示了它的重要性。记忆中上海只有极少数故居有这样的待遇。

踏入大门，最先进入视野的是副楼。楼前有一尊汉白玉宋庆龄雕像，坐在藤椅上的宋庆龄分外慈祥、端庄。许多游客第一件事就是和宋庆龄的雕像合影。照完相，游客就很自然地踏入背后的文物馆。这里的文物不局限于宋庆龄在上海时所用的物件，而是从她读书到结婚再到逝世几乎整个人生历程中的物件都出现在这里。许多实物是宋庆龄人生中很小的细节，却完整地勾勒出她的人生轨迹。例如从其父使用的基督教书籍表明了她出身家庭的背景；几张文凭完整地交代了她受教育的背景；一些政党证件和会议记录从一个侧面展示了当时的政治环境；和各政要、名人之间往来信件则显示了宋庆龄在中国历史上重要的地位；最有趣的还是宋庆龄心爱的唱片、衣服、手提包等，讲述一个更真实的宋庆龄。

在参观文物馆之余更重要的事当然是看看宋庆龄的房子。故居占地面积4300平方米，洋房的建筑面积也有700平方米，前后都有花园，花园里的樟树特别多。

上海，这座城

红坊
自由的艺术天地

　　红坊是上海又一个有趣的创意老厂房。陈旧的钢厂被重新"擦亮"，新老建筑和草坪以及奇怪的雕塑共同组成了一个自由的艺术天地。在这里度过一个悠闲的艺术之旅绝对是个好的选择。

　　红坊的主题是雕塑。在翻着波浪的草坪上奇怪的雕塑把人们带到一个"二次元空间"：爱因斯坦的眼似乎刚刚睁开；厂房红砖做的"奔驰"准备启动；不远处的铁马看上去更威风；一条条色彩斑斓的大腿迈开了步子；许久没用的超大"烫焐子"散发着余热……家长带着孩子来草坪玩耍,情侣们则在自拍。几位姑娘涂上防晒霜"清凉上阵",引来保安"侧目"。

如果你走进原来十钢的厂房,里面的雕塑更让人目不暇接。实际上这里已经是上海城市雕塑艺术中心。厂房在一楼展示艺术品的同时其他楼层做了商用。艺术品中间有办公室女职员路过,"嘀嗒嘀嗒"的高跟鞋敲奏出别样的节奏。

一个转身告别雕塑,你可能就会遇见咖啡馆、写真店、独立画廊、设计品牌店、办公楼。这里的最大特点是:商业和艺术融为一体。许多店家店里店外设计感十足,甚至比艺廊还艺廊:贝雷帽变成了灯,摇椅木马悬在二楼,三层楼高的铅笔在办公室前矗立。走在爬山虎包裹的红色厂房间,一个个橱窗、一个个露台都可能是一个画廊。这里的艺术没有阻拦、没有规则。这里是吹着自由之风的艺术天地。

思南路·
复兴路

这是上海第一轮黄金时代的遗存。这里种满了梧桐树,也充满了法租界的浪漫。从思南路上的公馆到泰康路的石库门,从瑞金路的花园洋房到复兴路的老派公寓。这里有着大多的老上海风景。

上海，这座城

从洋房到石库门，重回老上海居民区

这是老上海黄金时代的遗存。这里种满了梧桐树，充满了浪漫情调。从思南路上的公馆到泰康路的石库门，从瑞金路的花园洋房到复兴路的老派公寓，这里有着太多的老上海风景。

在时代风云中这里也曾经是中国政治变幻的"风暴眼"。如今佝偻着背的阿婆慢慢走出石库门弄堂，她还在回味与时代伟人交流的光辉岁月。威廉王子也忍不住在这里寻找英国的影子，但得到更多的是中国旧时代的传奇故事。冒险家曾经在瑞金路上用不动产宣告自己的实力，却不得不臣服于历史的车轮。不可一世的法国殖民者曾经在这片土地上享受着最上流的生活，转眼接替他们的是这个城市不分国籍的"新贵族"。唯一不变的是这里一贯的低调与奢华。

诸圣堂里又传来了礼拜日的祷告。已经老旧的公寓里还藏着一直坚守的信仰。就在不远处，老牌石库门已经成为新的时尚地标，新一轮的优胜劣汰让更多的石库门弄堂成为废墟。

在新一轮的去旧迎新中，还有老字号重登大雅之堂，老上海的味道似乎没有断。与此同时台湾小伙和本地青年就像是新的"冒险家"，要在这里创造自己的传奇。还是冒险，还是梦想，还是那片梧桐树，只不过做梦的人换了一批又一批。

中国社会主义青年团
中央机关旧址纪念馆

石库门里的机关旧址

渔阳里是典型的旧里，石库门楼宇躲在繁华的淮海中路，几乎是这条马路上最后的石库门。

它的存在似乎是对淮海中路历史的见证，更重要的是共青团从这里起步，也许这才是陈旧石库门能存活的真正原因。

在喧闹的淮海中路若不是有大大的招牌指示，你很可能错过这个纪念馆。当我们中午到达弄堂口时，90多岁的阿婆一眼就看出我们是冲着纪念馆去的："关门了，中午休息。"

这位阿婆是在这里住了几十年的老上海。遇到前来探访的人她常常会热心指点："第二条弄堂，下午再来吧。"

  中国社会主义青年团团中央机关旧址纪念馆是老上海最正宗的欧式石库门。房屋上有欧式的装饰，黑漆漆的大门上却出现了中国式的兽头门环。挂着6号门牌的石库门若没有挂在外侧众多的招牌，和边上的石库门并无二致。1920年共青团前身社会主义青年团成立，这栋房子就是共青团最早的中央机关办公地，当时周围都是这样的石库门。中国共产党的初创者们经常进出这里，第一代领导人有的曾在这里办过公。普通的石库门在当时是最低调的掩护。

  而今天周围的石库门大都变成了高调、高端的商厦，奢侈品在橱窗里吸引眼球，繁忙的街道上车来人往。很少有人注意到它的存在，更少有人知道那个改变中国的《新青年》编辑部与它只有一墙之隔，也只有路面施工时才会因为它的存在而绕一个弯。这里依旧生活着渔阳里的老住户，即便那些当年见证者的后代也已经是古稀老人了。他们倒是对这座"机关"记忆犹新。"以前毛主席、周恩来倒是经常来的，我们都看到过。"那个阿婆郑重地告诉我们。说完这个佝偻着背的身影就消失在墙壁斑驳的老石库门弄堂里了。

上海，这座城

上海哈尔滨食品厂
闻着奶香味排队等候老味道

上海哈尔滨食品厂，听名字挺土，却是上海正宗的老味道、老牌子。

上海哈尔滨食品厂诞生于20世纪30年代，以俄式西点起家。和许多老字号一样也一度濒临破产，但通过管理和品质的提升又获得了新生。最近还搬到这个更大的店面里。

每天上海哈尔滨食品厂门口照例都会排起长队。队伍有时能排十多米长。走进店内，窗明几净。柜台上服务员忙着装袋、称重、收银，一刻不停。靠墙的玻璃柜里全是新鲜的点心，起司蛋糕、焦糖、杏仁饼……中西糕点应有尽有。一旦一炉新鲜点心出炉，店里就会飘起浓浓的奶香味。

　　香味又勾起了老上海人的回忆。当年上海哈尔滨食品厂的蝴蝶酥冠绝上海，只有国际饭店的西饼店可以与之媲美。而登山蛋糕更是因为上过珠峰而颇具传奇色彩。

　　排十几分钟队后，顾客终于可以拿到那个熟悉的"哈氏"纸袋。拎着装满糕点的纸袋，心满意足地走出店门。有的迫不及待地就在店里吃了起来。与过去不同，现在一楼专门辟出一块地方做成咖啡吧。除了各种饮料，店里还温馨地增设了免费Wi-Fi。如果你踏上二楼，更会有意外惊喜。吧台上有旧旧的留声机，一对人偶守候在旁。墙上满是老上海的黑白照片——穿街而过的老电车、弄堂里游走的废品黄鱼车、拥挤却充满人情味的弄堂……坐在沙发上，看着窗外淮海中路的梧桐，仿佛穿越到了老上海。

　　也许你也禁不住诱惑排队买了蝴蝶酥。临走时你不妨再看看纸袋，上面写着"勾起你温馨的回忆"。

上海，这座城

查餐厅（思南路店）

老电影里走出的查餐厅

思南路这家茶餐厅一开业就成为沪上餐饮新宠，它就是查餐厅。

餐厅老板来自香港，原来是制作电影的。也许是自己的品位使然，也许受职业影响，他像电影布景一样把餐厅做旧。巨大的木质吧台横亘在餐厅深处。老式的大钟、壁灯挂在墙上，还有若干吊扇吊在头顶，地砖是经典的黑白菱形，对应着古典的菱形彩色花玻璃，堪称经典。墙壁有 半也照旧披上了瓷砖，紧靠着墙壁的当然是经久不衰的卡座，卡座上方设有几块仿旧的黑板,黑板上端正的楷书繁体字特别抢眼。这些装饰一下烘托出了老式茶餐厅的氛围。

  装饰让餐厅就好像是从老电影里走出来的。上海的"70后""80后"几乎都是看着香港电影和电视剧长大的,这种港式的怀旧,让他们既陌生又熟悉,一下就触动了怀旧的心思。

  上海的年轻人十分追捧这个怀旧餐厅,餐厅一下子火爆起来。赶上饭点,几乎都要排队,常常需要拼桌。一个茶餐厅生意火成这般实属罕见。

  幸而餐厅菜品的味道到位,没有白费这排队的辛苦和与生人同桌的尴尬。其中,最值得推荐的是奶茶。奶茶可谓查餐厅的招牌。查餐厅的奶茶得到了"港式丝袜"的真传,茶味浓香,又不涩,奶稠滑度刚刚好,可谓奶茶中的上品。如果你喝冻奶茶还会发现冰块也是茶色的,原来就是用奶茶冻成的,这样就保证奶茶在冰融化后仍能保持原有的香浓度。此外豉油鸡也不错,豉油香味被完全烧进鸡里,鸡肉处理得够嫩滑,没有肉渣,保证了良好的口感,吃完还有豉香回味。至于其他菜品也都上得了台面,算得上正宗,所以大量广东客人也慕名而来,每次去都能听到满耳的广东话。

  当然查餐厅也有一些遗憾,比如餐厅没有云吞面,因为生意火爆难免会有疏忽和等待。不过总的来说,查餐厅值得一试。

上海，这座城

科学会堂
这个城市最重要的交际场所

　　走到思南路与南昌路路口，一座高大的现代建筑挡住了视线，好似一艘帆船驶进了梧桐绿海，它就是科学会堂思南馆，属于科学会堂。再往前，同属科学会堂的黄色洋楼外鼓出一顶顶半圆形的古典遮阳篷。遮阳篷下是用炫酷的技术打造的各种展示窗口。那些新奇的光电影像、模型常常引人驻足。

然而这些只是科学会堂的一角，真正的"大餐"是科学会堂的一号楼——原法国总会会所。这栋建造于20世纪初的恢宏建筑是当时法租界最重要的交际、娱乐场所。它的一扇大门开在安静的南昌路上。在梧桐树荫下，灰色鹅卵石铺满外墙，白色勾勒着它的拱券门洞、窗框和屋檐下的装饰。巨大的梧桐遮天蔽日，以至于站在南昌路上望不到一号楼的屋顶，更让一号楼低调、安静到极致。

斗胆穿过门廊，并无人阻挡。大厅中央是宽阔的回旋楼梯，彩色屏风背面是留声机和古典欧式家具。只是两把椅子、一个柜子，似乎把人带到了20世纪法国人的世界。大厅还有另一扇门朝着南面打开，一片绿油油的草坪就在门外，草坪上一棵香樟树优雅地撑起一片阴凉。三两个姑娘在树荫下闲坐、拍照，还有孩子在一边的喷水池嬉戏，一派人间乐土的景象。

一楼南侧还有一道长长的长廊，落地窗投来一格格的阳光。一边墙上贴满了大师的绘画作品，另一边落地窗外是舒服的露天座椅。几个衣着鲜亮的客人在阳光下享受雪茄、红酒。一个世纪的轮转,这座建筑还是恢复了最初的功能,依旧是这个城市最重要的交际场所。

如果踏着硬木楼梯来到二楼,那更是一个宫殿般的地方。北侧巨大的玻璃窗彩绘出梅花树的图案,油光可鉴的硬木地板倒映着这些梅花树。弧形穹顶做满了各种装饰,中间还吊着几个铜铸的吊灯,抽象的当代艺术作品分立两侧墙壁。如果走过两侧房间,可以看到各种装饰典雅的包房,有的是欧式的,有的是浓郁的中国风,每一间房间似乎都是一件艺术品。

思南路·复兴路

思南公馆
洋房里的精致生活

1920年，沿法国公园（今复兴公园）南面的辣斐德路（今复兴中路），首批花园大宅拔地而起。随后的10年里，辣斐德路以南，马斯南路（今思南路）以东，吕班路（今重庆南路）以西地区的花园洋房陆续建成。一时间上海滩军政要员、老板大亨、专业人士和知名艺术家纷纷入驻，思南路成为当时上流社会汇聚的地方。

时光流转百年,思南路依旧是梧桐深处精致的马路。洋房还在风中矗立,51栋洋房被贯通,在上海独占一景。

走进这片"公馆区",你立刻就被风情万种的洋房包围。仔细看看它们似乎是差不多的样子,都带着浓郁的法式别墅特色。别墅一般为三层,灰色的鹅卵石铺就,屋顶斜坡特别多,错落有致,红色百叶窗阻隔着阳光。最有趣的是一楼总是有一段下沉式的门廊,门洞是宽阔的尖拱形。门廊里一般使用法式落地窗,一侧继续开尖拱采光,一侧则是通往二楼的楼梯。楼梯上还精心设置了花篮,鲜艳的小花在阳光下分外耀眼,给单一的色调带来一丝活力。

昨天豪门望族入驻的公馆,今天已经是高级品牌、餐厅、酒店的天下,老上海的历史风貌区毫无悬念地变成了奢华商业区。尤其是酒店边有一条林荫道,两边洋房一间连一间。树荫底下白色餐布铺上长桌,银色餐具闪闪发光,树木间隙中小巧的阳台隐约可见。穿着光鲜亮丽的客人们在绿荫中品着美酒和美食,恍惚之间仿佛到了法国。

瑞金宾馆

传奇的 1 号楼

瑞金宾馆始建于1917年，初为英国商人马立斯·本杰明家族的宅邸。庭院幽深的瑞金宾馆在当时被叫作马立斯花园。花园内绿草如茵，参天巨樟如盖，房屋都是欧陆府邸式样，高大宽敞。花园里还坐落着不同风格的亭子、葡萄架长廊及大理石喷水池等，流连其中，让人恍若来到一个闹市公园。

现在的瑞金宾馆 1 号楼当时是马立斯花园的主楼,旁边的 2 号楼是辅楼。主楼为英国新古典主义风格府邸建筑,在样式上借鉴的是路易十四初期至路易十六早期的宫廷建筑风格。楼内装修为典型的英国古典建筑风格,使用桃花木雕护壁、柚木拼花地板、大理石地坪和大理石廊柱,大餐厅内还挂有水晶大吊灯。二楼的屏隔为双狮戏球、孔雀开屏、万年长青图案,中式风格浓厚。窗格上则多用吉羊、双线、连环、方胜等中国传统符号。部分家具也是中国古典式样的红木家具,流露出前主人对中国文化的喜爱。

另外,瑞金宾馆 3 号楼坐落在花园最深处,是造型华美的现代风格洋楼。花园东北部的 4 号楼是一幢独立式红墙斜顶的意大利文艺复兴时期风格的庄园别墅。

瑞金宾馆的洋楼饱经风霜,尤其是 1 号楼。它的缔造者是老上海典型一夜暴富的"冒险家",从赛马起家,逐渐成为报业和地产大亨。1927年蒋介石与宋美龄在1号楼玫瑰厅订婚。今日,楼内仍有一块写着"蒋介石、宋美龄曾在此订婚"的石牌。

现如今,静静地横卧在绿草如茵的草坪上的1号楼,由园林建筑专家陈从周教授取名为"卧茵楼",在其底层开设了风味独特的咖啡吧,咖啡吧前的大草坪则成了步入婚姻殿堂的新人们拍照的首选之地。3号楼现名为绮思楼,楼底的长廊已改作酒吧,稳重的桌子和椅子,朴实而雅致。屋子里面保留着老式的砖墙、老式的橱、老式的灯、老式的摆设,把人带回久远的年代。

毫无疑问,精致的瑞金宾馆已经是上海的时尚地标。然而对于充满传奇和故事的老房子而言,它自身的经历已经足以说明一切,那些细节反而显得无足轻重了。

花园公寓和诸圣堂

重回 20 世纪的社区

在精致的洋楼中它并不起眼,它不是别墅,也不是带草坪的大洋房,它只是 20 世纪 20 年代末的平凡公寓楼——花园公寓。

这座欧式五层公寓住宅,是折中主义的建筑。外侧装着黑色的铸铁栏杆,拱券下小店静悄悄地营业着。抬头看去,巨大的壁柱贯通上下,却不落地,正好压到一楼小店的头顶。在壁柱四周有简单的古典装饰。

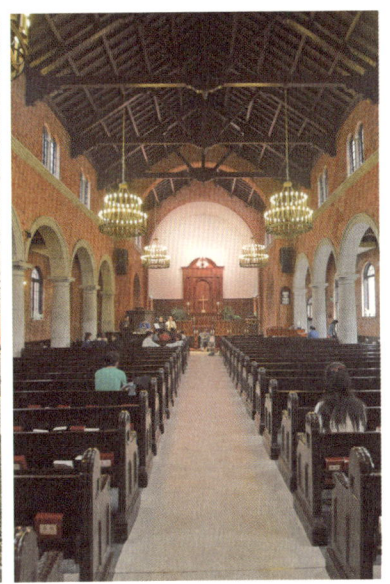

　　两个宽阔的门廊对着复兴中路，放眼望去门廊那头竟然有一个花园。路人好奇地走进去："原来真有花园啊。"花园的公寓和一排当代建筑像四合院一样围成一个口字，中间全部是花园。这里的花园树木品种繁多，秋天枫叶染红一片树林，花卉更是繁茂，每一季都能开出漂亮的花朵。一个老人在夕阳下缓步走出公寓，他的身影之上是拱形的木窗和精致的花纹铁栏杆，窗户两边是带着各种古典装饰的壁柱。再往边上看阳台上挂满了衣服和被子。

　　从门口进入大厦内部，旋梯狭窄多弯，若不开灯有些昏暗，只有外侧的窗口才透着些阳光。阳光下铁栏杆的花纹映在花岗岩阶梯拐弯处，楼梯木扶手下的铸铁也被照亮。

　　大楼里很安静，只有收衣服的老人进进出出，一转眼那个老人也不见了踪影。

　　这幢楼的前身已无从寻觅，只能猜测它或许是当年白领们的居所，其中不少人应该信仰基督教。因为一街之隔就是诸圣堂。

　　在淡水路交会的十字路口，有一栋典型的红砖结构的尖顶式建筑，这里就是诸圣堂。它建成于 1925 年，属于典型的 17 世纪高派教堂。它和派客公寓是同时代的建筑，不难想象 20 世纪 20 年代，这里是法租界里的基督徒社区。

　　周日我们踏进它的大门，教堂工作人员误会我们是前来礼拜的基督徒，把我们引入教堂。在圣洁的诵诗声中我们有机会仔细看看这座古典与新潮结合的建筑。

ORIGINAL COFFEE

水果遇见咖啡

　　马当路上有一家不起眼的咖啡店，每天下午偶尔有阳光能刺透梧桐树照进这家店，和对面"高大上"的"新天地时尚"比卖相上毫无特色。不过"好咖啡不怕巷子深"，它实际上非常受周边咖啡爱好者的欢迎。

　　来自台湾的年轻老板，自己烘焙的咖啡豆和味全鲜奶、新鲜水果创出果味咖啡，其中最受欢迎的是橘皮拿铁,成为周围白领的至爱。橘皮的清香弥漫在拿铁中,轻轻喝一口,浓浓的拿铁味中能回味出橘的甘甜,口感顺滑同时给人清新感。白领张女士说起橘皮拿铁是赞不绝口。她还特别喜欢这里的咖啡杯,因为咖啡杯出水口设计成了心形,让人感受到一股小清新之风。

小店周边的咖啡客都养成了来这里喝一杯的习惯,仅有的两张桌子成了马当路上少有的露天位。女白领喜欢尝试果味的咖啡、茶,住附近的外国人更喜欢纯粹的浓缩咖啡。中午便是这家店最忙碌的时间,门口的两张桌子根本不够用。

生意做久了,老板的性格也像他的咖啡一样受欢迎,隔三岔五有路人向他问好,有时还要聊上半天。亲切、随意的氛围伴着咖啡香飘散在马当路的梧桐树下。

虹口公园
北外滩

由于虹口发展得不疾不徐,那积淀已久的市民气息还没散去。清晨,中老年舞者已经在鲁迅公园中展露舞姿。迎上几乎不通车的小路上的点心店里热气腾腾的糕点迎接着上班族。一些遗落此地的老字号更是人头攒动,那些上海老牌点心还在飘着香味。

上海，这座城

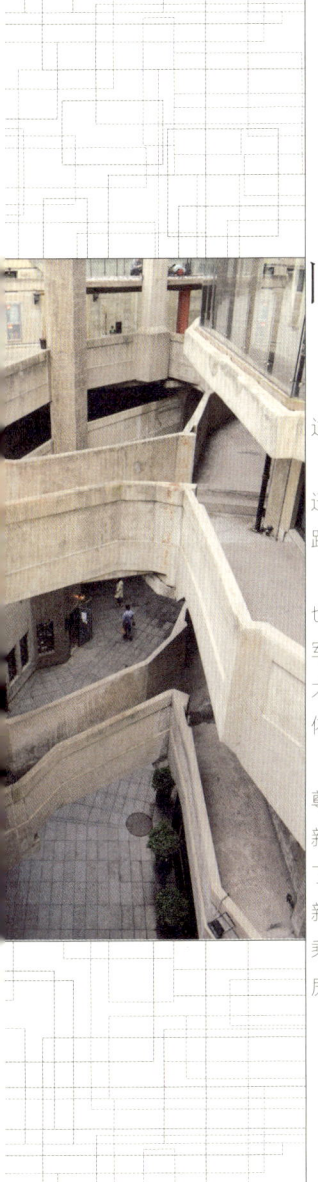

旧时光里的新生

虹口，旧上海租界势力最后染指的地方，简陋的华界和英美租界、法租界的过度区域，造就了这里既有租界遗存，也有上海本土的氛围。

在五四运动时期，这个租界中房价最便宜的地方吸引了一批文化人士。从鲁迅到左联，从溧阳路的郭沫若到海伦路的沈尹默，让虹口那些看似貌不惊人的小路不容小觑。

你或许会路过繁华街道上的银行，那可能曾是鲁迅长期光顾的书店。咖啡馆也许在 20 世纪是鲁迅和内山喝茶的地方。走过庭院深深的花园洋房，走过铁将军把门的石库门，那里曾经是大师的居所。但除了牌匾，你似乎很难再看出它的大雅之气。哪怕走上了多伦路文化街，似乎也找不到旧时的繁荣模样。你只能在依旧精致的建筑中探寻它曾经的故事。

一些陈旧的老区也有重新发迹的机遇。曾经淹没在粉尘中的老场坊终于露出尊容，一下成为全城焦点。带着钱包蜂拥而来的游客也刺激着周边的老房子寻找新的生机。场坊里进驻了创意人，沿街的咖啡店如雨后春笋般崛起，石库门里多了拿着相机的年轻人。当老牌的多伦路还在摸索自己最适合发展的道路时，一个新的时尚地标似乎就要诞生了。那些旧时光里走来的老人还在石库门里、马路上乘凉聊天，可是边上的行人已经换了模样，在咖啡店、商铺、创意园的包围下老房子已经开始了新生之路。

上海，这座城

鲁迅公园
再见鲁迅

鲁迅公园是上海市区北部最大的绿地，曾经是这一地区孩子最喜欢去的地方。"那时候还叫虹口公园，并不是经常能去，但每次去都很开心。""80后"男生王某已经不记得在公园玩了什么，只能回忆起每次开心的状态。

不过公园休闲娱乐的主题始终没变。今天的鲁迅公园最惹眼的便是上百人前来跳舞的场景。除了广场舞,这里更多人热爱"国标"。早晨,在公园的广场里,录音机里传出节奏强烈的"恰恰",配着音乐上百个身姿开始扭动,有些人还非常专业。由于跳舞的人太多,鲁迅公园一度因为"抢位"闹出许多新闻。

　　远道而来的客人可能也会为了看一眼鲁迅墓而走一遍鲁迅纪念馆。虹口公园从1928年开始开放,那时它是最大的公园之一,是本地市民休闲娱乐的一个重要场所。住在不远处的鲁迅自然也喜欢来这里散步、聊天。在鲁迅逝世后就有人建议把公园改名,但一直未能如愿。直到1988年才正式更名为鲁迅公园,而那时鲁迅墓已经在公园留存了32年。

　　鲁迅墓在公园的中间位置,是鲁迅逝世20周年的时候才从万国公墓迁到虹口公园的。墓地的设计简洁、明快。灌木丛画出一个长方形的墓地范围,墓前铺的是天鹅绒草地,四周种着黄杨。墓地中最显眼的是鲁迅的坐像:鲁迅怀抱书本坐在藤椅上,眼神似乎有些焦

上海，这座城

虑和疲惫。坐像后面是照壁式的墓碑，鲁迅的墓穴就在这块墓碑下。

除了鲁迅墓，公园东南面有鲁迅纪念馆。那里是更好地了解鲁迅的地方，它还是中华人民共和国成立后第一个人物类的纪念馆。纪念馆除了展出鲁迅的文物和大量图片外，还利用了最新的声像科技手段，以一种崭新的方式来做介绍。

虹口公园・北外滩

山阴路和大陆新村

像鲁迅一样爱上这里

　　山阴路是上海市区北部最豪华的路。梧桐树下精致的别墅看上去还是新的，即便是联排住宅楼也多是带着小花园的，且保留着小而精美的装饰。这里没有吵闹的车流来打搅，十分安静。

　　有大花园的洋房据说是中华人民共和国成立后离休老干部住的。院子里通常种满了各种树，其中许多是柿子、枇杷之类的果树。夏秋之际，挂满果子的树杈悄悄爬出墙来，引来许多顽皮的孩子爬墙采摘。"我小时候经常伙同同学来这里采摘，那可是最美的事。不过也要时刻准备着逃跑。"笑呵呵说着山阴路故事的石同学是附近中学的学生,他对这里很熟悉,学生时代每年夏天都要来这里看看那些果子熟了没有。

"鲁迅故居也在这条街上,不知道他老人家看到偷果子的孩子会不会写一篇杂文谴责我们。"就在这条街的大陆新村鲁迅度过了他人生最后的3年,留下了许多故事。说不定他老人家还真目睹过孩子偷果子的一幕呢,只不过没有留下文字罢了。

故居并不显眼,藏在大陆新村的小弄堂的最里面,房子也不气派。大陆新村是20世纪30年代的新式里弄住宅,它带有简约的装饰艺术风格和小小的天井,和稍晚建造的别墅比起来要落魄多了,不过一个伟大的灵魂却让这里熠熠生辉。鲁迅的朋友内山完造也住在不远处,茅盾和鲁迅住得更近,瞿秋白则在马路对面住。在鲁迅故居可以看到瞿秋白赠送的工作台。

夏天,高大的梧桐树把整条路都遮盖了。这里不通公交车,也不是要道,环境静怡。没有高大的楼房,只有爬出墙的绿植。街边行人都缓步而行,没有一丝焦躁。零散的商铺开在街面上,其中很多都是老铺子,开了几十年都还在卖"老玩意儿"。花园洋房、新式里弄、石库门、老公寓接踵而至,让人大开眼界。

你看,建筑外,摇着蒲扇的大叔又开始悠闲地喝茶、看报纸了。从繁忙的四川北路一拐进恬静的山阴路,世界好像都变了,又或者是谁把时钟拨慢了。

虹口公园·北外滩

万寿斋
三鲜馄饨搭配小笼的诱惑

在山阴路接地气的店铺中，万寿斋是明星级的，许多旅游指南和美食指南都介绍过它。每天都有许多本地客人穿过梧桐树的林荫，挤进它狭小的店内，只为了一碗三鲜馄饨、一笼小笼。

万寿斋门面不大，招牌倒是横跨整个店面，大大的红色楷体书法很是醒目。万寿斋点菜的地方很窄，狭小过道只容一人站立，所以人多时点单一定要速战速决。快速抢到座位后,你就可以等着最地道的本地小吃上桌了。

在鲁迅公园看完樱花的情侣点了一份小笼、一碗三鲜馄饨甜蜜地分享着,他们说,这是万寿斋所有食物中的最佳搭配。刘老伯却不以为然:"三丝冷面不是蛮好,又便宜。"说完老人家就津津有味地吮起面条来。

当然更多人确实是来吃鲜美的小笼的。轻轻地咬开一个口子,猪肉香便喷涌而出,再慢慢吸一口,甜美的汁水就灌满了口中,味蕾就此舒展开来。再咬下去,鲜嫩的猪肉滑过味蕾,唇齿之间回味无穷。

再来一碗三鲜馄饨吧,这是上海人最熟悉的味道。榨菜、开阳、猪肉三位一体,让馄饨口感特别丰富,既有草根美食的爽脆,又有海鲜大餐般的鲜美。馄饨半成品还可以打包带回去,速冻起来,这样在家也能尝到万寿斋的馄饨。三鲜馄饨还能变换出冷馄饨、油煎馄饨等多种吃法,配上酱料,各有不同的滋味,真可谓小小馄饨吃出大境界。

虹口公园·北外滩

溧阳路

48幢洋房里的故居

　　溧阳路是一条有趣的马路，它有两段且互不相连。我们这里说的是四川北路至四平路的一段。

　　溧阳路向来是安静、沉稳的，它既不像四川北路那样商铺林立，更不像四平路那样交通繁忙。它有着遮天蔽日的梧桐树，有旧模样的里弄和落魄的仓库，最让人着迷的还是48幢带着红色屋顶的花园洋房。

你走上溧阳路，迎面看到的就是一抹抹红色掩映在梧桐树的绿色中。溧阳路上的48幢花园洋房基本保持着同一个样式和规格：外立面有连续的拱券门洞或窗户；青砖打底，红砖勾勒纹路；红色瓦片铺就斜坡屋顶，尖顶老虎窗在坡面上凸显。

溧阳路的花园洋房原来的设计是一个建筑有两个门牌，也就是一栋别墅两家人分享。中华人民共和国成立后一栋别墅变成多户居住，为了得到更多空间，别墅的内阳台大多被封起来成为阳台间；原来给佣人住的亭子间有30平方米，大多也被一分为二。

现在略显窘迫的别墅和石库门曾经是许多大家、名人的家。溧阳路也被划归历史风貌区，路的一侧成为名人纪念墙。只要你仔细寻觅，在溧阳路上走几步路就能遇见一座名人故居。1269号是郭沫若的故居；邓颖超在这里招待过文化界人士；进步人士还曾在这里庆祝朱德的60岁诞辰。此外，1156弄10号是著名报人金仲华的故居；1359号是鲁迅的藏书室；1335弄5号是另一个新闻人曹聚仁的故居。

可惜的是窘迫的旧里和洋房现在都是民居，多户混住让参观成为一桩难事。大部分情况下，只能在门口好奇地张望，等待住户悄然打开那扇铁门，好让人看得真切些。如果没有遇上开门的住户，那也就只能看看一路镌刻在墙上的名人纪念牌聊以自慰了。

虹口公园·北外滩

多伦路
窦格路上的文化旧里

多伦路本来是藏在四川北路繁华背后的寂静小道，若不是文化沉淀浓厚，恐怕已经在隆隆机械声中被夷为平地了。

今天你再穿过四川北路遥望那个入口，高大的仿石库门牌楼上写着"海上旧里""多伦路文化名人街"，这无疑宣告了多伦路已经景点化。好在平时即便满街的商店开着大门，

上海，这座城

它还是有些空灵和恬静。你可以忽略杂乱无章的小店寻觅一丝旧里的文化气息。

多伦路在小碎石铺就的台格路上能轻易找到一些考究的洋房和风格独特的住宅。碎石磨着鞋底，洋楼慢慢走来，经过岁月的洗礼，却没有老去。孔公馆的阿拉伯纹路依旧清晰，彩色玻璃还折射着斑斓的阳光。进修学院里西班牙尖顶让边上的新建筑黯淡无光。208号大门紧锁，却锁不住爱尼奥立柱的古典美。永安里新式里弄画出漂亮的弧度，连绵的半圆遮阳篷仿佛一朵朵浪花在翻滚。中华艺术大学学生宿舍的拱券长廊新得好像昨天刚建好。夕拾钟楼是否能唤起对鲁迅的记忆？薛公馆的立柱上飞出了一群自由的鸽子。中西合璧的鸿德堂里依旧有现代传教士的身影。

多伦路背后是未曾有过变动的旧里,因此除了悠闲而至的游客、兢兢业业的写真者,剩下的很多是附近的老上海人。地道市井场面层出不穷,穿着拖鞋、睡衣的阿姨翩然而过,阿婆、阿伯带着孩子躲在树荫下乘凉,懂享受的借用着老洋房的露台惬意聊天……太有趣了,这些市民的居住地曾是"左联"活动的地方。只要几步路就能从多伦路走到藏身弄堂的"左联"会址。徜徉在这条小路上,一面浮现五四新文化、中国现代文学的高潮,一面又能亲历市井的自由自在。

虬江路电子市场
走下神坛的淘宝胜地

说起虬江路，上海人几乎都知道。它像东台路、文庙、西藏南路花鸟市场一样，一直是另类的淘宝天堂。

虬江路的发迹据说可以追溯到抗日战争前，在战后更是形成了规模庞大的五金、日用旧货市场。到20世纪50年代，虬江路进入鼎盛时期。有历史资料显示，当年虬江路有大小旧货店88家，固定和流动摊贩314户，"交行（用批发价交换旧货）"26人，"天平担（挑担收售旧货贩）"389人，市场经营额每月达20万元左右，形成了各业俱全的综合性旧货市场。

到了20世纪90年代发展成为以音响、电脑、电子设备为主的市场，大型商厦六七座，沿街小商铺30多家，马路上的流动商贩更是不计其数。

随着时代转变，不同年代的人对虬江路的记忆是不同的。五六十岁中老年人可能还记得倒卖五金、家具、机械的热闹场景，"70后"提及虬江路必会聊到淘旧自行车的故事，而"80后"则更津津乐道其音响、电脑的便宜。

今天再踏上虬江路，那些商厦已经显现老态，沿街商铺林立，来往的顾客大都上了年纪，很少看到年轻人光顾。随着网络购物的兴起和对仿冒等违法销售的严厉打击，让虬江路失去昔日的风光。商家也很少有揽客的积极性了，而一些大型市场甚至已经退出舞台，就连节假日似乎也不例外。

尽管市场逐渐萎缩，但已经有很多老板在这里完成了自己的梦想，挖得自己的第一桶金。面对市场空空如也的商铺，他们依旧在坚守，让这个市场有人气。有些坚持卖真货的老板却在与价格低廉的假货竞争中略显力不从心。"市场没有特色，区域也没有划分，更没有管理可言！"尽管对市场管理和规划颇有微词，但在纠结中他们还是不舍得退出。他们还在期待走下神坛的淘宝胜地有朝一日能卷土重来。

音乐谷
屠宰场的新生

这名字你可能不熟悉。不用说你了,就算是老上海人十有八九也没有听说过。不过另一个 1933 老场坊你一定听说过,其实它就是以 1933 为中心,在周边又开发出一片老场坊一同包装到音乐谷的概念下的产物。

尽管名字叫音乐谷,但对游客来说却感受不到什么音乐氛围,唯一可能有所体验的地方是嘉兴路的剧院,这里会有很多活动。当然,更多游客来到这里还是冲着奇特的 1933

老场坊。

  1933 年，它是一个屠宰场，一头头牛、羊、猪走水路送到工场。在七拐八弯的工场里它们将走完最后一程。据说 1933 老场坊是当时亚洲东部最大的屠宰场，供应可以遍及整个东亚。这座非凡的建筑当时花了工部局白银 330 多万两。1933 老场坊风格独特，工艺杰出，整体建筑参照古罗马巴西利卡式风格的同时，外圆内方的基本结构也暗合了中国"天圆地方"的传统理念。

  这样的屠宰场在全世界范围内屈指可数，精美程度可以媲美外滩任何一座建筑，然而在很长的时间里这里无人问津。住在附近的朱先生以前常从屠宰场前走过，他之前根本没有发现这是一个漂亮的建筑："以前根本不晓得。只知道这里是药厂，整天都是粉尘铺满地，灰得很！完全没想到它是这个样子。"

  如果把音乐谷当整体来看，除了 1933 老场坊，附近的小小咖啡吧、茶座更值得小坐。一来环境不错，有阳光照射；二来性价比要比 1933 老场坊高许多。尤其是边上还有具有生活气息的日本式石库门可以让你"穿穿弄堂"，在嘉兴路桥上则可以把陆家嘴三大高楼和石库门、工厂烟囱融进同一画面。

延安东路·
文庙路

如果你想知道街市如何热闹，弄堂里怎样乘凉，烟纸店怎样平易近人，排骨年糕多么诱人……那么你要赶快动身了，就在你看完这句话的时候，说不定又一条弄堂消失了。这不是危言耸听，这就活生生发生在你即将前往的地方。

漫步 上海,这座城

最后的老城厢

这一片区域现在属于黄浦区,实际它原先是南市地界。

南市对上海人来说是老市区、老城厢,是破落房子和好地段。这里是上海县发源地,是弄堂里草根文化的最好代表。

有人以为张爱玲书中的洋房、公寓便是上海的弄堂,那便错了。张爱玲无疑是旧上海中产阶级的代表,他们可以居住在花园洋房或现代公寓楼中,可以从西班牙式屋顶下、从英国乡村风格洋房中、从罗马式立柱旁款款而出,但很少去另一个平民世界——老城厢旧里。

这里有蜿蜒曲折的弄堂,有夏天打着赤膊的男人,还有飘扬的晾晒的各色衣服。这里是吵闹、拥挤却充满人情味的世界,各种市场在这里聚集,三教九流在这里交会。转弄堂,淘古玩,逛书店,吃一块排骨年糕,喝一碗流动摊贩的豆腐花,这里有着最地道的本土生活。

不过,你要赶紧去才行。这里是市中心最后一块未开发的土地。那些陈旧的平房,拥挤的弄堂,热闹的街市,在某些角度、某些人看来,并不是这座城市值得保留的东西,相反阻碍了城市的发展。"拆"成为这一区域的主题,从南到北,从大镜路到复兴路大部分已经夷为平地,大批的上海原住民已经离开弄堂,与此同时弄堂里的原生态生活越来越少。

上海，这座城

上海文物商店
上海最有文化的商店

在摩天大楼和低矮平房的环绕中，广东路上有一家商店别开生面，它就是著名的上海文物商店。商店的楼宇本身带有装饰艺术特征，沿街一楼里面除了漂亮的立柱其余都是落地玻璃窗门。橱窗里一只只花瓶、一幅幅字画吸引着来往的客人。

文物商店是上海专营古玩文物的国营商店，据说历史可以追溯到清朝光绪年间，前身是中国古玩市场。它或许是广东路这条曾经的古玩街唯一留下来的东西了。

延安东路·文庙路

广东路在岁月的洗礼中渐渐和古玩市场分道扬镳，幸存的只有文物商店。推开文物商店的大门，一件件富有趣味、饱含文化内涵的古玩、文物似乎还在诉说着广东路的昨天。但西装笔挺的门卫，或闲聊或看报的营业员、老师傅会把你从历史的畅想中拉回现实。没有老式古玩市场的嘈杂、喧闹，没有精明的商人和老练的淘宝者的斗智斗勇，也几乎没有"打眼""捡漏"的刺激，这里安静、从容，摆满物件的空间更像是艺廊。从字画印章到青花珐琅，再到玉器家具……三四个门面里中国古董分门别类、琳琅满目。一遍看下来还真好似同时逛了一遍历史博物馆、美术馆。

除了交易，这个商店更像是一个中国古代文化展示窗口。即便你买不起天价文物，也可以淘一些便宜小物件留作纪念；即便什么也不买，也可以好好凝望那些古玩，也许百年前茶园里某个茶客也如此凝望过它们。

大镜路城墙道观楼阁

上海也有城墙

大镜路上的城墙道观楼阁堪称上海真正留下来的老楼。你穿过它外围的草坪在门前驻足,会发现刻着"大镜"字样的牌楼。那些阴阳雕刻的古老文字、被电线拉拽的立柱、古老意蕴的对联、祥云样式的浮雕立刻会把你带到咸丰年间。

牌楼边上一座城墙、楼阁从古朴的中式围墙冒出。那城墙就是上海最后的古城墙,那个楼阁则是建在箭台上的关帝庙。

如果要追溯这座城墙和关帝庙的历史恐怕要超出大部分人的意料。它们的历史可以从明朝嘉靖三十二年（1553年）说起，那时候上海就筑起了城墙，为了抵御倭寇，同时也是从那时起有了县城的概念。

原来城墙有四座箭台，大镜便是其中之一。后来箭台荒废后各改建庙宇，大镜箭台建的便是你今天看到的关帝庙。关帝庙从明朝的小屋起步，到了清朝不断扩建，最后成为三层高阁。其间庙宇、城墙也是经历战火不断。

1912年上海迎来第一轮动迁，整个围城而建的城墙都要拆除。由于关帝庙一直是上海道教的重要庙宇，所以庙宇和这一小段城墙得以保留，也使得后人有机会一探上海城墙的风貌。

往关帝庙走，需要穿过一条狭窄的步道。你可不要忽略它，应该仔细看看左右两边的砖墙。这些斑驳的灰色砖头上雕刻了制造年份。这一块是"上海城砖，咸丰五年"，那一块是"上海城砖，同治五年"。由此可以看到上海城墙的确历史久远，且不断重修。之所以最早年代是咸丰五年（1855年），是因为咸丰三年（1853年）城墙毁于战火。

再往里走就是关帝庙的正殿,中间是关公,两边分立财神、月老。这庙宇一直是上海道教正一派的主要道观。庙宇对面是真正的古城墙,一面墙上还刻着"信义千秋"字样的石匾。城墙上搭建了中式的黑瓦屋檐,屋檐上雕梁画栋颇有传统特色。

　　这里就是上海最后 50 米的老城墙,曾经被上海人看作"大千胜境",而今安静得就好像不属于吵闹的上海。这里平时游客并不多,大部分是拿着旅行指南的外国人。边上开在绿地小道上的花鸟市场倒是热闹得多。许多人在这里看鸟、玩鸟,还有悠闲的人们在绿地里散步,两三个老人偶尔会摆下象棋大战几回合。身边这座伴随着上海成长、历经艰难存世至今的老城墙却从来没有引起过他们的注意。

延安东路·文庙路

老广东菜馆
小龙虾包围中的排骨年糕

上海寿宁路很出名，因为那里是小龙虾一条街。当夏季到来时，小龙虾便是上海最流行的美食之一，而布满小龙虾店的寿宁路就是那时最受欢迎的美食街，很多人都去过那里寻觅美味的小龙虾。

今天我们推荐的不是那些通红的、硬壳的节肢动物，而是上海本地的地道点心——排骨年糕。

如果你在中午看到过老广东菜馆排骨年糕摊位的热闹场面，你就不会觉得奇怪了。尽管小龙虾名震九州，但中午时分，真正的"王者"是老广东菜馆的排骨年糕。老远你就能看到占据拐角位置的店铺前人们排起长龙。油锅里排骨一块块翻滚着，师傅来不及喝一口水，一刻不停地制作着。店铺的座位肯定是不够的，"带走，带走"，顾客识相地纷纷打包带走这里的排骨年糕。

这时你再看看小龙虾店，基本是一副萧条模样，大部分还在为晚市做着准备。小龙虾一大盆一大盆地放在屋外等待着客人品尝。

其实老广东菜馆主要经营的是广东熟食，上海点心只是沿街外卖而已。外卖的摊位不足两米宽，架起一口油锅就占据一半空间。这口锅早上卖粢饭糕，中午卖排骨年糕。

"就是这里，终于找到了！"慕名而来的王先生说，"这里上过电视，做过广告，我特地来试试看的，队排得也太长了！"自从沪上的美食节目报道后，中午等候排骨年糕的队伍更长了。不过等待终归是值得的，拿到的排骨年糕都是热腾腾新鲜出炉的。排骨比手掌还大，给足分量。据师傅透露，大排进油锅前先经过酱料腌制。这样的排骨外脆里嫩，外面包裹层还有蛋香味。年糕也是火候刚好，非常滑嫩，咬下去糯糯的口感便充满口腔，再加上微甜的酱汁，口感更为丰富。

在高档餐厅大行其道的今天，这样地道的本地小吃已经越来越难寻觅了，这里的排骨年糕已经被上海吃货们亲切地称为"上海的味道"。

延安东路・文庙路

万商花鸟市场
再回儿时的欢乐时光

在西藏南路繁忙的现代化大道边居然也藏着一个花鸟市场，这个花鸟鱼虫的世界是充满欢乐时光的老地方。

"爸爸，鱼，鱼！"才5岁的小朋友被爸爸第一次带到万商花鸟市场，他兴奋地发现这里有许多他从未看到过的鱼。这个花鸟市场在西藏南路的东侧，从会稽路一直延伸到方浜西路。这可能是西藏南路最后一片低矮的平房，也是上海市中心硕果仅存的花鸟市场。

小朋友见到的"鱼的世界"其实只是花鸟市场的"冰山一角",那是花鸟市场沿街的部分,沿街商铺以鱼和花为主。行走在这片人行道上,只见各色各样的鱼摇曳着身姿,大束的花开得娇艳。

走进市场大门,你一定会暗暗惊叹:"哇,好一个花鸟世界!"低矮的天棚下,一个个铺子相互拥挤着占满了空间。那些花鸟鱼虫更是个个精神抖擞,蝈蝈在小笼子里鸣叫,一大片密密麻麻的鸟虫在蠕动,一排排鸟笼里的小鸟蹦得欢乐,一边的老板悠闲地给体型超大的鹌鹑喂食……这简直是另一个世界,鲜活的生命和市场外冰冷的钢筋有着巨大的反差。

采编时恰逢五月,正是"叫蝈蝈"上市之时,几乎每个铺子都会摆百来只蝈蝈。这些伴随"80后"上海孩子成长的蝈蝈今天已经被放入塑料笼子,不过叫声依旧清脆。退了休的张师傅和李师傅专程来挑蝈蝈:"侬一只,吾一只,正好。"原来两只一起买还有折扣。

另一边家长带着孩子来挑更考究的冬蝈,它们被放在更高级的、像鸟笼般的小笼子里。父子俩仔细挑选了半天,终于选定了一只。父亲说:"也看不出好坏,但这个比电子玩具

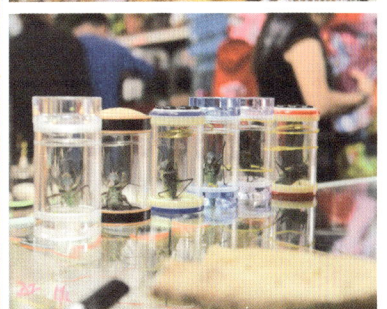

要有趣得多，也让他了解一下爸爸小时候最大的乐趣是什么。"

老吴陪着朋友来市场看鸟，一盒子毛都没长齐的小麻雀吸引了他们，这些小东西正在争先恐后地"抢夺"老板娘筷子上的鸟食。

"这是什么啊？"

"麻雀呀，拿一只回去，蛮好的。"

"这哪儿能养啊？有什么用啊？"

"好的哦，养大了听你的话的。"

正在他们激烈讨论时越来越多的人聚拢过来看喂食小麻雀。不过有趣的是最后被售出的却是两只大体型的八哥。

"上次看中的那个笼子呢？两千多的那个。"已经养鸟多年的老伯在市场最精美的鸟笼前驻足。"已经卖掉了，你嫌贵呀。"对于退休工资不多的老伯，上千的鸟笼实在有些奢侈。"没办法，喜欢呀，有时候咬咬牙就行了。"

这个市场充满了有趣的画面，所有人都聚精会神地观察他们喜欢的小生命。

上海，这座城

法藏讲寺
罗马风遇上天台宗

如果你决定了要去法藏讲寺探访，那么这注定是一次别开生面的旅行。在此之前你绝对不曾看到过中国寺庙会有如此欧式的外表。

法藏讲寺是一片躲在复兴路背后的净土。有趣的是墙上的门窗却是欧式风格的，罗马式的门楣、立柱、窗檐，尤其是门立柱上开出的"罗马之花"仿佛让人置身罗马教廷前。

穿过狭窄的走廊可以绕到主殿的正门，抬头望去大雄宝殿是一座宝塔式的建筑。两座中式塔楼在顶部高高地矗立。大雄宝殿建在巨大的台基上，台基下是寺庙的讲堂。讲授佛法也是这个天台宗寺庙的特色之一，民国时期寺庙讲法盛极一时。现在，在寺庙门口就能看到全年讲法的日程，信徒可依据日程来寺庙听法。据寺庙管理人员介绍，佛法由本寺的大师讲授，听法是免费的。

踏过台基的台阶后几步路便能走进大雄宝殿。殿内正中供奉释迦牟尼佛坐像，阿难陀、摩诃迦叶雕像侍立两旁。若你抬头望去又一场视觉盛宴呈现在眼前：天花板上满是繁杂的欧式浮雕装饰，而中间释迦牟尼的头顶上数条金碧辉煌的金龙盘旋着，欧洲古典吊灯在其间轻轻晃动。中西文化在佛教大殿里交相辉映，令人惊叹。

这座神奇的寺庙能保留至今也是非常难得的。在20世纪六七十年代它被改作工厂，然而令人欣慰的是建筑的欧式风格和精美楹联保留得非常完整，据说还有珍贵的佛经被保留下来，今天我们才能欣赏这美妙的一幕。

从南京西路到静安寺是上海最繁华的商业区。从繁忙的主干道走到背后的大小道路，窄小的弄堂永远有不经意的小惊喜等着你。

上海，这座城

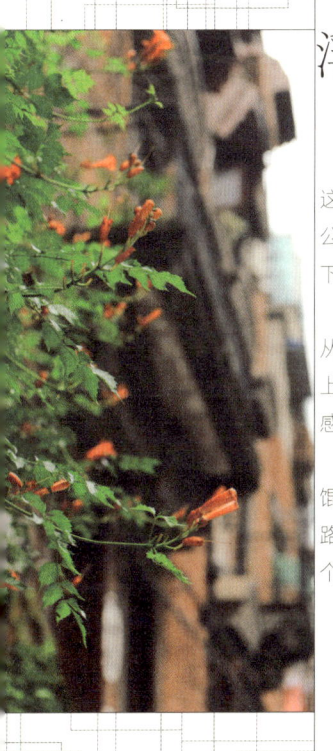

浮华世界背后的小天地

当时钟拨回到 1949 年前，此地还叫静安寺路的时候，上海正在快速地发展。这一带也有新的住宅区呈现出来。张家花园、静安别墅、常德公寓等从石库门到公寓楼，上海新中产阶层和上层人士找到了归宿，也把上海文人名流的故事留了下来。很多名人或多或少都在这里逗留、游走过，留下一些故事。

除了普通民居，曾经显赫的犹太商人们当时也把这里当作建造豪宅的绝佳地。从如梦如幻的马勒别墅到欧洲宫廷般的嘉道理旧宅，几乎用相同的华丽诠释着旧上海冒险家们的成功。而现在当你走到它面前，物是人非的沧桑变化不得不让你感叹造化弄人。

在繁华商圈背后还隐藏着传统的味道。卖了上百年汤圆的店铺和卖了 30 年馄饨的店铺相距几十米，却一样有着跨越时代的上海味道。在"巨富长"（巨鹿路、富民路、长乐路）街道上，年轻人可以轻松散步。漂亮的梧桐树下，一个个小店散发着独有的韵味。

静安别墅和张家花园

南京西路最后的老弄堂

静安别墅和张家花园是南京西路上的老弄堂,它们离得很近,只隔一个街区。在繁华的南京路上这样的地方越来越少了。

许多人慕名前来探访这两条弄堂。虽然都是弄堂,它们却有着不同的风格。

张家花园似乎要更出彩,据说小小的弄堂里有几十种建筑样式。其实当年张家花园要比现在规模大得多,而且是一个中西合璧的大园林。它从清光绪年间开始一直是对公众开放的,期间除了张氏建造的中西洋楼外,不断有西方人参与投资建设,所以在扩张中不断有新样式的建筑出现。

当你踏入弄堂的一瞬间,就能感受到这种风格多样的特点。高大的红色山墙,圆的、尖的、斜坡的、弧形的装饰比比皆是。有几条石库门弄堂的上方还悬着包厢式的阳台。但最华丽的还是张家大院,中式的天井和木门、西式的花纹地砖向人们展现清末华人富豪的审美。弄堂里的老人常在这里聊天、打牌,就好像百年前。

与张家花园不同,静安别墅的风格是统一的,都是一个模子里刻出来的石库门房子。20世纪30年代,蒋介石的老师张静江家族在这里建造了静安别墅,当时租金贵得离谱,要用金条来付,因此第一批居民大多是上海滩洋行里上班的白领们。张爱玲在小说《色戒》里写到的"印度珠宝店""西比利亚皮货店""凯司令咖啡馆"就开在南京西路1025弄的沿街,"凯司令"几十年来都没挪过地方,电影《色戒》就是在这里取的景。

如今,弄堂里走动的大多是老居民——佝偻着背的阿婆缓缓步出弄堂、院子里闲聊的大叔,少数沿着弄堂的门面开着理发店、水果店的老板。再剩下的便是穿梭在弄堂里三三两两的游客,或是走捷径到南京路、威海路的行人。相对南京西路拥挤的人流,这里安静得多。

上海，这座城

弄堂小馄饨食府
最后的弄堂味道

曾几何时，上海的孩子是吃着弄堂里的点心长大的。那些简陋的设施，却造就了一代人的记忆。

弄堂里的点心简单又方便，只要走几步路就能吃到。弄堂里的点心铺也是充满人情味的，老板可能就是相熟的邻居，去多了不用开口老板就知道你吃什么。这种感觉越来越少有了，弄堂小馄饨食府也许是最后的几家之一。

它原先开在静安别墅里，是弄堂早上最热闹的地方。尽管馄饨香在弄堂里飘荡了三十多年，现在也不得不移到弄堂外的街铺里，好在味道依旧。

在众多弄堂点心里，小馄饨无疑是首选。馄饨皮是定做的，要比普通的皮更有嚼劲。猪肉馅都是自己和的，全是手打肉泥，保证了最嫩滑的口感。再配上骨头汤底，一道最正宗的上海馄饨就出炉了。

如果是夏天，爽口的葱油拌面也是不错的选择。浓郁的葱油和富有嚼劲的苏式面拌在一起，立刻飘出一股葱油香，还有各种新鲜浇头可以搭配。拌面除了带着葱香和酱油的香气，口感爽朗、干脆，还有本地人喜欢的甜味。在夏天，一碗拌面足以振奋一天的食欲。

小馄饨在早上开卖，到九点半左右就收摊。下午三点后，作为下午的点心会再次开卖。店家一天要卖出几千个馄饨。店里环境一般，但家族式的经营有着弄堂特有的亲切感。大叔在做小馄饨的同时会用上海话招呼每一个客人，聊天解闷是常态，上年纪的老客人每天按部就班地前来捧场。体味弄堂老味道的同时，浓浓的人情味也是这里的一大特色。

上海，这座城

美新点心店
百年味道的汤圆

　　美新点心店的门口贴着醒目的铭牌，告诉你它已经有上百年的历史。这个可以追溯到清朝的老字号是上海最正宗的食肆之一。

　　经过一个多世纪的沉淀，现在美新点心店已经是国营点心店。招牌的美术字、店里的桌椅、墙上的铜牌、店员的白大褂都带有浓郁的国营味道。这里的人气颇高，排十几分钟队是常态。对了国营店来说，服务员动作已经算麻利的了，但你还是不得不为美味等待。

店里最出名的是汤圆。鲜肉馅的、芝麻馅的都在下午新鲜出炉。夏天高温时，因为容易变质，汤圆会暂停销售。这里的汤圆保持着江南传统的制作工艺。猪肉馅肉味浓郁，还有鲜美的汤水包裹，汤圆皮带着糯米的嫩滑，可以非常顺滑地进入口中。芝麻馅的汤圆在本地通常叫作宁波汤团，个头比肉馅的要小一圈，喜欢吃甜的人一定会大爱。它除了高甜度之外，还有芝麻的香味，是江南点心中一种独特的食品。到了下午很多人会专程来捧场。

若是夏日没汤圆吃，不妨试一下冷面、冷馄饨。"我们这里冷面也很出名的。"对于"扑空"的食客，店员会自信地推荐冷面。这份自信来自食材的新鲜和冷面地道的工艺。面和食材都是当天新鲜制作的，面条筋道，浇头花式繁多，浇上酸爽的醋和醇厚的花生酱，便是上海夏日最值得期待的小食。

上海，这座城

马勒别墅
从梦里来的别墅

　　马勒别墅一直是上海人心中一抹亮丽的风景，每一个路过的人都忍不住要多望它几眼。它像是一个梦幻城堡守护着浮躁城市里最后的童真。

　　传说这个建筑的灵感源自一个梦，做梦的人正是主人——犹太人马勒的女儿。如果传说是真的，那么那个姑娘的想象力未免太丰富了。建筑专家这样描述这幢房子："主楼南侧有三个垂直于主屋脊的造型优美、装饰精细的双坡屋顶和四个老虎窗，连同东西两座四坡屋顶交织在一起，宛如一座华丽的小宫殿。中间双坡顶的装饰清晰外露，表现出了斯堪的那维亚情调的乡村风格。"

在一般人眼中这就是一座北欧神话中才有的宫殿。延安路上的天桥给人们俯瞰这座建筑的机会，阳光下满是此起彼伏的尖顶，连绵的斜坡仿佛是红色的海浪。"它怎么就这样落入凡间了呢？"游人这样赞叹。

再走近它，门前的青铜马反射着灼热的光泽，栩栩如生的表情仿佛就要撒腿狂奔。它下面埋葬的是一匹匹马勒家的赛马的骸骨。它们理应得到这样的祭奠，正因为它们马勒家族才能在上海滩发迹。进入建筑，它用每一个精美的细节来告诉你马勒的故事。航运是主题，也是马勒成功的基石。你会看到通道上布满圆窗，那是轮船的船舷。一幅幅木雕画卷，展示的尽是船舵、船锚、海草、海浪、海上日出、海上灯塔、海上作业等与海洋密切相关的情景。即使柚木地板上，亦连连拼出海草、海带等海洋植物的图案，让人叹为观止。

上海，这座城

　　仰望马勒别墅的穹顶，彩色玻璃折射出彩色的阳光，让神话建筑更加梦幻。当年的马勒会不会也曾这样仰望，脑海中浮现出他的事业继续乘风破浪的画面？然而，他并没有多少日子做这样的梦。就在建筑建成后不久，因为战争，他的船厂和船运事业戛然而止，在日本人的集中营中马勒消失在历史中。今天，也只有这座建筑、这个穹顶还散发着梦幻的光彩。

威海路·巨鹿路

常德公寓
CBD 里的文艺地标

在静安寺最繁忙的商务区中，一栋特立独行的老房子吸引着人们的眼球，它就是常德路上的常德公寓。这个线条丰富、形态优美的公寓楼让很多文艺青年牵挂，因为大约在七八十年前，这里住着张爱玲。

常德公寓矗立在南京西路与常德路的十字路口，周围已经被写字楼和商场包围，而它却独自展露着鲜明的艺术风格，尤其是中间的竖条装饰和凸出的阳台形成了有趣的反差。

常德公寓原名爱丁顿公寓（又名爱林登公寓），由 20 世纪 30 年代意大利律师出资建造。建成后这座公寓便是上层人士的高级居所，其中最有名的就是张爱玲。

　　为了纪念张爱玲，余秋雨在楼前的铭牌上介绍道："现代作家张爱玲女士曾在这座公寓里生活过 6 年多的时间。1939 年，她与母亲、姑姑第一次住在这里，后去香港读书，1942 年返回上海后与姑姑第二次住在这里，直到 1947 年 9 月。张爱玲在这里完成了她一生中最主要的几部小说创作，因此，这座公寓在中国现代文学史上占据特殊一页。"

　　女作家陈丹燕在《上海的风花雪月》一书中也有一篇对张爱玲公寓的描述："张爱玲的家，是在一个热闹非凡的十字路口，那栋老公寓，被刷成了女人定妆粉的那种肉色，竖

威海路·巨鹿路

立在上海闹市中的不蓝的晴天下面。"

　　晴天时，常有人慕名而来，不过大门通常紧闭，上面还贴着"谢绝参观"的字条。如果有幸进到大楼里，可以乘坐老式奥斯汀电梯上到六楼，张爱玲和胡兰成的"倾城之恋"就曾在这里上演。可惜"门前早已不会进水了，屋顶也没有溜水的孩子了，黄包车和白茫茫的护城河也早已成为消失的回忆了……"——张爱玲笔下的许多场景都不在了。不过张爱玲本身的影响力多少还是有一些的，大楼底下的咖啡店文艺气息十足。坐在里面的人大多端着一本书，边上放着一杯香浓的咖啡，在一个暖和的下午就这么泡在这里，好不惬意自在。遥想当年的张爱玲怕也没这么潇洒自在过吧。

上海，这座城

中福会少年宫
嘉道理旧宅
犹太富商的大理石宫殿

中福会少年宫曾是孩子们最向往的乐园。尽管新时代手机、游戏机已经让现在的孩子不再眷恋那些曾经的游戏，但承载少年宫的宫殿依旧在那里闪耀着光芒。

这里原先是上海著名的犹太富商嘉道理的豪宅。20世纪20年代富甲一方的他踌躇满志，想着把故乡的华美带到新的土地。于是白色意大利大理石漂洋过海来到上海，给这座宫殿撑起门面。上海人给它起了个响亮的名字——大理石宫。古铜色的门楣、贴着金箔的装潢、勾勒出各种花纹的石膏、红木的地坪无不体现了它的奢华。

宫殿的内部更是华美得让人惊叹。优雅的浮雕爬满了柱子，缤纷的石膏装饰填满了天花板，大门和窗户由深沉的铸铁保护，壁炉依旧气势非凡，白、绿、蓝三色搭配出贵族独有的品味。大厅有400平方米，透着皇室气息的三花装饰、壁炉柱上考究的雕刻、巨大而又繁复的玻璃吊灯，无一不体现着古典欧洲奢靡的审美情趣。据说这个大厅能容下800人，可以想象当嘉道理召开舞会时上百人齐舞华尔兹是何等盛况！

也许当时参加舞会的就有宋庆龄。无论如何，她是极其青睐这座宅子的。中华人民共和国成立后，她亲自打电话给远在香港的嘉道理，恳切地向他租借这座宅子以做中福会的总部。1979年，劳伦斯·嘉道理夫妇回到上海，曾如此感慨地说道："我父亲喜欢款待朋友，大理石大厦在世界各地的朋友们中出了名。岁月流逝，得知我父亲特别喜欢的这幢建筑现被成千上万的儿童使用着，他们从中受益，这对我来说是件高兴的事。"

的确，如果你有机会踏进这座宅子，无论哪里，都必定有孩子陪伴左右，也许这正是宅子最好的归宿吧。

上海，这座城

喫茶去
榕树下的小资茶屋

在上海，榕树非常罕见。喫茶去的老板当初选择这里就是看中门前有棵珍贵的榕树。于是在巨鹿路上开了一个安静的茶世界。

打开喫茶去古色古香的木门，一个花园环抱着的小楼便呼之欲出。穿过绿色的花园，浮躁的心情逐渐沉淀下来，让你用一颗安静的心去迎接一个沉静的茶空间。

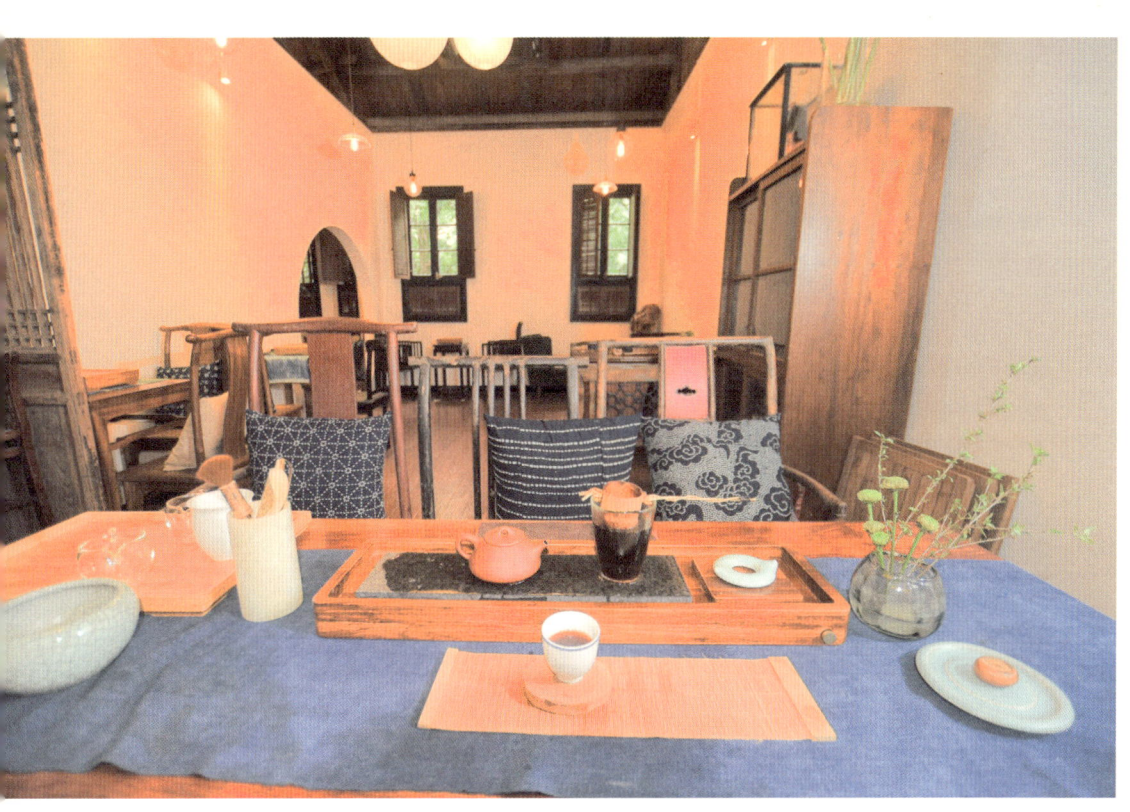

这是个有味道的地方，只要你一进入，便会不可避免地沉入茶的香气中。竹楼里的红茶、纸包里的普洱、茶罐里的绿茶……充斥着视野——主人已经为你准备好了各地的好茶。它们大部分是老板亲自前往产地精挑细选而来的。因老板个人喜好，这里的茶以普洱和红茶最为齐全。有些老茶已经囤了不少年，只等有缘人来发现，因为有时候喝茶也讲究缘分。

穿过江南园林式的园门，好似打开宝盒，豁然变成了茶器的天下。圆的、方的，墨绿的、瓷白的、青花的杯、壶、罐，高高低低，错落有致地展示给访客。瓷器大都来自景德镇工艺师之手，古韵中也透露着现代气息。

茶叶和茶器的背后是雅致的包间。再往二楼探访则是更宽广、舒适的茶室。高高的尖顶给人高挑的视觉，百叶窗外是一抹梧桐绿，木桌、木椅、沙发和古雅的器皿透露着简约而富有禅意的茶韵。

在木窗的光影下，茶艺师正在泡茶。暖暖的水蒸气缓缓升腾，淡淡的清香飘然而出。茶客不急不缓举杯浅饮，放下茶杯一阵轻声细语，然后再续上一杯。温暖的情调在这里蔓延，一个清香茶空间让人回味无穷。

本图书由北京出版集团有限责任公司依据与京版梅尔杜蒙（北京）文化传媒有限公司协议授权出版。

This book is published by Beijing Publishing Group Co. Ltd. (BPG) under the arrangement with BPG MAIRDUMONT Media Ltd. (BPG MD).

京版梅尔杜蒙（北京）文化传媒有限公司是由中方出版单位北京出版集团有限责任公司与德方出版单位梅尔杜蒙国际控股有限公司共同设立的中外合资公司。公司致力于成为最好的旅游内容提供者，在中国市场开展了图书出版、数字信息服务和线下服务三大业务。

BPG MD is a joint venture established by Chinese publisher BPG and German publisher MAIRDUMONT GmbH & Co. KG. The company aims to be the best travel content provider in China and creates book publications, digital information and offline services for the Chinese market.

北京出版集团有限责任公司是北京市属最大的综合性出版机构，前身为1948年成立的北平大众书店。经过数十年的发展，北京出版集团现已发展成为拥有多家专业出版社、杂志社和十余家子公司的大型国有文化企业。

Beijing Publishing Group Co. Ltd. is the largest municipal publishing house in Beijing, established in 1948, formerly known as Beijing Public Bookstore. After decades of development, BPG now owns a number of book and magazine publishing houses and holds more than 10 subsidiaries of state-owned cultural enterprises.

德国梅尔杜蒙国际控股有限公司成立于1948年，致力于旅游信息服务业。这一家族式出版企业始终坚持关注新世界及文化的发现和探索。作为欧洲旅游信息服务的市场领导者，梅尔杜蒙公司提供丰富的旅游指南、地图、旅游门户网站、App应用程序以及其他相关旅游服务；拥有Marco Polo、DUMONT、Baedeker等诸多市场领先的旅游信息品牌。

MAIRDUMONT GmbH & Co. KG was founded in 1948 in Germany with the passion for travelling. Discovering the world and exploring new countries and cultures has since been the focus of the still family owned publishing group. As the market leader in Europe for travel information it offers a large portfolio of travel guides, maps, travel and mobility portals, Apps as well as other touristic services. Its market leading travel information brands include Marco Polo, DUMONT, and Baedeker.

DUMONT 是德国科隆梅尔杜蒙国际控股有限公司所有的注册商标。

DUMONT is the registered trademark of Mediengruppe DuMont Schauberg, Cologne, Germany.

杜蒙·阅途 是京版梅尔杜蒙（北京）文化传媒有限公司所有的注册商标。

杜蒙·阅途 is the registered trademark of BPG MAIRDUMONT Media Ltd. (Beijing).